Arts Education for Children

아동미술교육의
이론과 실제

Arts Education for Children

아동미술교육의 이론과 실제

김정숙 · 김진선 · 손윤경 · 신지혜 지음

(주)교문사

NO WAY, THE HUNDRED IS THERE

Loris Maraguzzi

The child
is made of one hundred.
The child has
a hundred languages
a hundred hands
a hundred thoughts
a hundred ways of thinking
of playing, of speaking.
A hundred always a hundred
ways of listening
of marveling of loving
a hundred joys
for singing and understanding
a hundred worlds to discover
a hundred worlds to invent
a hundred worlds to dream.
The child has
a hundred languages
(and a hundred hundred hundred more)
but they steal ninety-nine.
The school and the culture
separate the head from the body.
They tell the child:
to think without hands
to do without head
to listen and not to speak
to understand without joy
to love and to marvel
only at Easter and at Christmas.
They tell the child:
to discover the world already there
and of the hundred
they steal ninety-nine.
They tell the child:
that work and play
reality and fantasy
science and imagination
sky and earth
reason and dream
are things
that do not belong together.

And thus they tell the child
that the hundred is not there.
The child says:
No way. The hundred is there.

어린이의 백 가지 언어

로리스 말라구치

어린이는
백 가지로 이루어져 있습니다.
어린이는 가지고 있습니다.
백 가지의 손
백 가지의 생각
백 가지의 생각하는 방법,
백 가지의 말하는 방법
백 가지의, 언제나 백 가지 것에
귀기울여 듣고, 감탄하고,
사랑하는 법을 노래하고,
이해하는 것에 대한
백 가지의 기쁨
탐구해 나갈 백 가지의 세상
만들어 나갈 백 가지의 세상
꿈꿀 수 있는 백 가지의 세상을
어린이는 백 가지의 언어를 가지고 있습니다.
그러나 사람들은
백 가지 중에
아흔아홉 개는 훔쳐가 버립니다.
학교와 문화는
우리의 몸과 머리를 따로 분리해 놓습니다.
사람들은 어린이에게 말합니다.
손으로는 생각하지 마라.
머리로 생각하지 마라.
듣기만 하고 말은 하지 마라.
기쁨은 느끼지 말고 이해만 해라.
단지 부활절이나 성탄절에만
사랑하고 감탄하라.
사람들은 말합니다.
이미 만들어져 있는 세상을 발견하도록 하라.
그리고 백 가지 세상 중
아흔아홉 개는 훔쳐 버립니다.
사람들은 어린이에게 말합니다.
공부와 놀이
현실과 환상
과학과 상상
하늘과 땅
논리와 꿈은
섞여질 수 없는 것들이라고 말합니다.

그리고 사람들은
어린이에게 말합니다.
백 가지의 것은 존재하지 않는다고
그러나 어린이들은 외칩니다.
천만에요! 백 가지는 있어요.

아동미술교육은 감각교육입니다. 감각을 자극시켜 아동이 눈으로, 귀로, 손으로, 느낌으로 생각하고 표현하며, 창의적으로 구성할 수 있는 힘을 길러 줍니다. 또한 아동들은 무엇을 그리거나 만들고 싶은 욕구가 강한 시기입니다. 그들은 생각과 느낌을 그림을 그리거나 만들면서 표현합니다.

인간의 뇌는 감각적 자극으로부터 발달하고 성장하며, 특히 출생부터 아동기까지가 가장 뇌의 발달이 왕성하고 활발합니다. 이 시기에 아동들에게 자극을 줄 수 있는 색감, 소리, 느낌 등 오감을 경험할 수 있도록 다양한 미술활동의 기회를 마련한다면 아동의 전뇌발달은 물론 미술교육을 통한 전인발달도 도울 수 있습니다.

교육적 가치를 지닌 미술교육이 우리 교육의 현장에서는 간혹 아동중심, 과정중심이 아닌 결과중심으로 결과물에 집착하기 쉽습니다. 아동들이 미술활동을 하는 동안 행복하고, 즐겁게 신나게 작업을 하고, 미술활동을 통하여 아동들이 생각을 넓히고 전인발달이 될 수 있는 본질적인 교육목표에 도달할 수 있도록 교육이 이루어져야 합니다. 이러한 목표를 기본으로 이 책에 미술교육의 내용과 방법, 운영 및 평가에 대한 내용을 구체적으로 저술하였습니다.

이 책의 집필자들은 현장에서 아동을 지도하며, 교사 교육을 전담하고, 강단에서 예비 교사를 위한 지도를 바탕으로 하여 아동미술교육의 이론과 실제를 짜임새 있게 총 12장으로 구성하였습니다.

1장에서는 아동미술교육의 개념을 다루었으며, 2장에서는 아동미술교육의 이해와 아동의 미적 능력의 발달, 3~7장에서는 아동미술교육의 구성으로 내용, 교수방법, 평가, 교사의 역할 등을 소개하였습니다. 8장에서는 현장에서 적용되고 있는 아동미술 프로그램을 소개하여 현장에서 바로 적용이 가능하도록 하였습니다. 9장은 아동미술교육의 대안으로 앞으로의 미술교육의 전망과 과제를 정리하였으며, 10장은 아동미술 감상활동을, 11장은 아동미술치료에 대하여 설명하였습니다. 마지막으로 12장에서 아동미술교육의 실제를 소개하였습니다.

이 책을 출간하기까지 서로 격려하며 처음과 마무리를 한마음으로 수고를 아끼지 않은 공저자들과 사랑하는 가족에게 감사의 마음을 전합니다. 사진을 협조해 주신 울산 반곡초등학교 병설유치원 강혜경 선생님, 서울 휘경유치원 · 대전 개미유치원 · 순복유치원 · 피노키오유치원 · 행복한유치원 · 참솔어린이집 · 대자연어린이집 · 행복한어린이집 원장님과 선생님들, 대전보육정보센터 김정미 센터장님, 원고의 교정을 도와주신 이금숙 선배님과 동료, 선 · 후배님들께도 감사의 마음을 표합니다.

아울러 이 책을 발간할 수 있도록 도와주신 (주)교문사 류제동 사장님과 부족한 원고의 교정과 편집을 기꺼이 해주신 편집부 여러분께도 감사의 말씀을 전합니다.

2010년 1월
저자 일동

Contents
차 례

Chapter 12

아동미술교육의
실제

Appendix

부 록

Chapter **1**

아동미술이란

Chapter 1

아동미술이란

1. 아동미술의 개념

아동은 일상생활의 경험, 감정을 그림으로 표현해 보고 싶은 본능적 욕구를 갖고 있어서 미술은 유아가 즐기는 활동이며, 표현하고자 하는 욕구도 만족시켜 준다(천화정·채영란·유경순, 2006). 특히 어린 아동은 언어적인 미성숙으로 자신의 생각을 언어로서 올바로 전달하는 데 어려움이 있지만, 아동의 미술표현이 언어표현보다 먼저 나타나기 때문에 미술을 통해 자신의 생각을 표현할 수 있어서 아동의 미술표상은 또 하나의 조형적 언어라고 할 수 있다(박라미, 2007). 이처럼 아동들은 미술을 통해 자신들의 느낌을 표출하고 의사소통을 하고 있다(김은실, 2003).

또한, 아동의 그림은 생활의 경험을 반영한 기록이며, 아동들의 정신발달 상태나 심리 경향 및 환경에 대한 태도를 알아볼 수 있다. 원래 아동들은 조형적인 본능을 가지고 태어났으므로 조형적인 욕구와 능력을 구김살 없이 성장시키는 데 미술교육의 중요성이 있다(김삼랑, 1994). 그들에게 재미있고 기능적이며 의미 있는 교육환경을 만들어 주기 위한 바람직한 방법 중의 하나는 바로 미술을 통한 교육이라고 할 수 있다(윤현숙, 2004).

이와 맥을 같이하여 시펠드트(Seefeldt, 1987)도 미술은 유아의 인지적 표현 및 상징적 활동으로서 미술표상은 유아가 학습하고 기억할 수 있도록 돕는 중요한 교육적 활동이라고 시사했다.

원유덕(2003)에 따르면, 현대사회에서의 미술교육은 그리거나 만들고 재료에 대한 이해와 기법을 습득시키는 실기활동이 주류를 이루었다고 한다. 인간의 감성을 통하여 영혼과 정신을 조형화하는 미술교육은 이미지와 감동을 통한 감성적 인식이 수반되는 것이므로 의식세계에서 가장 깊이 작용하는 교육이다. 개인의 자유로운 상상력에 근간을 둔 미술활동은 아동의 사고를 자유롭게 하고 자신감을 준다. 제시된 과제를 아동들 저마다 감성에 바탕을 둔 다양한 방법으로 접근해서 해결하고, 이를 통해서 확산적 사고를 가능하게 한다. 이는 아동이 창의적으로 사고하도록 하는 데 크게 기여한다. 이처럼 진정한 미술활동은 아동의 창의적인 사고를 개발하는 데 본질적인 가치를 두고 있다.

아동은 자기가 보는 바를 표현하기보다는 옳다고 믿는 바를 아는 대로 표현하는 개성표현을 하므로 미의 기준을 설정하는 데 수많은 감각적 경험이 요구된다. 아동미술 속에는 그들의 내면 세계와 외부적 환경이 반영되어 있으므로 잠재의식이 표출되기도 하고, 생활의 소재가 나타나기도 한다.

아동 개개인이 접하는 생활의 범위가 그다지 차이가 없다 하더라도 그것을 인식하는데 있어서는 개별적 형태를 취한다. 그렇기 때문에 같은 또래의 아동미술에는 보편적인 특성을 보유하면서도 매우 많은 요소들이 개별적 유형으로 나타난다. 그 밖에도 아동미술이 개별성을 유지하는 데는 매우 복합적인 요소들이 작용하여 결국 아동미술에는 개성이 내재하게 된다(임은성, 2005).

2. 미술교육의 필요성

미술교육은 인간의 교육, 사회에 자아표현의 방법을 제공하고 세상을 보는 눈(시지각)을 길러 주며, 좌·우 뇌의 균형을 제공하고, 자유와 질서의식, 개성과 창의성, 아름다움과 즐거움 등을 자극하고 부여하기 때문에 의미가 있다. 여러 학자들에 의하여 정리된 미술의 필요성은 다음과 같다.

• 미술교육은 자아표현의 방법을 제공한다.
아동미술활동의 가장 큰 교육적 의미는 그 행위가 자아표현의 유효수단이 된다는 것이다(김병옥, 1985). 아동의 미술표현은 아동이 알고 있거나 본 것만의 반영이라기보다 그 아동이 보고, 느끼고, 생각하고, 경험하고, 상상한 모든 것의 반영이라고 할 수 있다.

- 미술교육은 시지각과 미적 안목을 길러 준다.

사람이 바깥 세상으로부터 받아들이는 정보 중 2/3 이상을 눈을 통해 받아들인다고 한다. 미술교육은 그런 중요한 시각과 관련된 교육이다. 눈의 교육을 통해 시지각과 미적 안목을 길러 환경에서 시각적 관계를 바로 보고 느끼는 일이 무엇보다 중요하다.

미술활동은 크게 '보는 것'과 '나타내는 것'으로 나누어지지만, 눈으로 보고, 마음으로 느끼고, 머리로 생각하고, 손을 사용하여 나타내는 조형적인 표현활동의 행위에서 이 둘은 별개의 것이 아니다(김병옥, 1985).

- 미술교육은 좌·우 뇌를 균형 있게 발달시켜 준다.

사람의 뇌의 80%를 차지하는 대뇌는 크게 왼쪽 뇌와 오른쪽 뇌로 나뉜다. 연구결과, 왼쪽 뇌는 언어적이고 분석적이며, 상징적·추상적·시간적·합리적·수리적·논리적·순차적이다. 그런데 오른쪽 뇌는 종합적이고, 공간적이며, 비언어적·구체적·유사적·비시간적·비합리적·직관적·총체적이다.

- 미술교육은 자유와 질서의식, 개성과 창의성을 길러 준다.

미술교과는 그 어떤 교과보다 아동을 자유롭게 한다. 각 학급 분위기가 자유로워야 다양하고 좋은 표현이 나올 수 있다. 반대로 억압된 분위기 속에서는 바른 미술지도가 불가능하다. 또한 미술은 매우 개인적이기 때문에 표현하는 사람이 스스로 자신을 조절할 수 있어야 한다.

미술은 다양한 미술요소 간의 조화와 통일을 추구한다. 표현주제의 선택, 표현재료와 도구, 기법의 선택, 표현과정에서 많은 자유가 주어지지만 그런 자유 속에 표현하고자 하는 바를 향해 하나하나 접근해 갈 때, 그리고 표현결과에서 질서를 추구하게 된다.

또한 아동은 표현을 하면서도 같은 대상이라 하더라도 각자가 다르게 보고 다르게 표현한다. 아동은 미술을 통해 자신들이 가지고 있는 생각과 경험, 상상, 느낌, 감정, 정서, 성격 등을 자유롭게 드러낼 수 있으며, 창의성을 발휘하고 육성할 수 있다.

- 미술교육은 아름다움과 즐거움을 준다.

미술은 아름다움과 즐거움이 그 생명이다. 쉴러(Johann Christoph Friedrich von Schiller, 독일의 시인·극작가)는 미술을 '심미적 놀이'라고 하였다. 그는 인간의 기본적 성향을 신체적 성질인 감성적 본능(instinct sensible)과 지적인 성질인 형식적 본능(instinct formal)으로 나누고, 이들의 조화를 꾀하며 미술을 통해 지성과 감성의 자연스러운 조화를 이루어야 한다고 주장하였다(백경원, 1987).

따라서 미술교육은 미술을 통해 아름다움을 직접 체험하고 이해하고 감상함으로써 미적 안목을 기르고, 한편으로는 미술표현과 이해, 감상을 통하여 즐거움과 재미를 스스로 경험하여 미술이 현재와 미래 삶의 윤활유와 청량제, 활력소가 될 수 있도록 하는 것이다.

또한 미술활동은 미술 자체만이 아닌 다른 과목과 상호관련이 있는데, 웨너(G. Wener, 1976)는 다른 과목과 미술활동과는 다음 세 가지 점에서 상호관련이 있음을 지적한다.

- 미술활동의 경험은 상호관계활동에 있어 협력의 의미를 가지는 모든 활동에서 높은 수준을 보인다.
- 미술활동은 창의적인 문제해결을 통하여 다른 학과나 다른 영역과 관련될 수 있다. 이때의 목적은 학습영역에 상관된 것이 아니라 다른 학습영역에서 유사한 문제나 활동에 관례를 가짐으로써 학습을 잘 달성하게 되고, 문제를 해결하거나 더욱더 잘 이해하게 되는 것을 말한다. 창의적 문제해결의 과정과 학과 영역 사이를 연관시키는 데는 미술활동이 많은 역할을 한다.
- 미술활동에서 성공감을 맛보았을 때 다른 활동에서도 태도와 변화를 가져오게 되어 성공적인 학습이 이루어진다. 성공감은 아동을 가치 지향적, 자아존중, 자신감 있는 행동으로 이끄는 데 도움을 준다.

모양틀을 사용하여 점토 찍기

미술활동은 아동이 그림을 통해서 자신의 다양한 사고와 감정을 자유롭게 표현하게 함으로써 아동의 내부에서 자발적으로 우러나는 창조력을 육성하고, 나아가서는 이를 통해 원만한 인격을 형성하는 데 도움을 준다. 특히 아동의 생활에 있어서 미술활동은 가장 기초적인 표현수단을 함양하는 것이며, 환경을 즐겁게 경험하고, 감각을 사용하는 능력을 발달시킴으로써 개인의 생활을 풍부하게 만들어 준다. 이와 같은 미술활동은 학습을 위한 효과적 도구로 사용할 수 있으며, 보고 느낀 것에 대해서 반응하며, 다양한 자료를 통하여 실험해 보고 창조하는 경험을 갖고, 정서·감정·통찰력을 표현한다.

따라서 미술활동은 유아·아동교육기관에서부터 다른 교육활동과 계속적으로 병행하여 이루어짐으로써 각 아동의 신체·인지·언어·정서발달이 골고루 이루어질 수 있다.

3. 아동미술교육의 목적

아동미술교육의 목적은 학자마다 그 주장이 다르지만 로슨(D. Lawson)은 분석적 고찰을 통하여 "미술교육은 작품을 만들어 내는 데 목적이 있는 것이 아니라 아동의 성장과 발달을 돕는 데 있다"고 미술교육의 목적을 제시하였다. 이러한 입장은 기계적이고 도구적인 관점에서 벗어나 미술을 통한 인간 형성을 이루는 것이 미술교육의 근본목적이 되어야 한다는 것이다. 미술교육의 목적은 아동들의 미적 능력을 계발하고 아동 생활의 통합된 부분으로서 그 가치를 달성하는 것이다(양경희, 1997).

미술활동은 어떤 한 가지 기술이나 재능만을 키워 주기 위한 것이 아니라 미분화 상태인 아동이 다양한 자극을 통해 통합되어 골고루 발달할 수 있도록 도와주는 교육이다(이춘영, 2007).

아동미술의 주안점은 아동들이 스스로를 드러내놓는 표현활동이기 때문에 완성된 결과보다는 창작과정을 중요하게 생각하는 것이다. 이러한 아동미술교육의 목적을 간단히 살펴보면 다음과 같다(배지현, 2003).

1) 건강한 정서

아동들의 미술활동은 불안한 감정을 해소시키는 데 많은 도움을 준다. 즉, 그림을 그리고 만들고 꾸미는 과정에서 평화와 만족감을 느끼게 해주는 것이다. 여러 가지 대상이나 환경, 작품과의 만남으로 사랑할 줄 알고 친절하고 아름다움을 추구하는 태도와 감정을 길러 주어 건전하게 성장할 수 있게 도움을 준다. 미술활동은 정서가 불안한 문제아동들의 심리적 치료방법으로도 많이 이용된다. 예술치료(art therapy)라는 것으로 그림을 그리거나 점토작업 등으로 무엇인가를 만들어 보거나 손가락 그림(finger painting) 등 여러 가지 미술활동을 통해서 마음속에 억압되어 있던 심리적 갈등을 해소시켜 주는 치료 방법이다. 이와 같은 카타르시스(katharsis) 효과는 정서적으로 불안한 문제아동에게만 적용되는 것이 아니라 모든 아동들에게 적용되는 것으로, 아동들의 정신적 긴장과 갈등을 해소시켜 주고 정서적으로 건강하게 성장할 수 있도록 도움을 준다. 브릿지(Bridges)에 의하면 정서는 아동기 동안에 분화하여 비교적 어린 시절에 가장 많이 발달한다고 했다. 이런 건강한 정서의 성장 없이 아동들이 모든 발달을 정상적으로 이루기를 기대하는 것은 어려운 일이다.

2) 창의적 표현 개발

아동들은 성인과 달리 그들 나름대로의 판단과 생각을 가지고 있다. 하지만 충분한 어휘력을 가지고 있지 못하므로 자기표현 수단의 한 예로 미술활동을 선택하는 것이다. 이렇게 아동들의 미술활동은 언어전달과 의사교환의 역할도 가지고 있다. 버트(Burt)는 아동들의 그림은 언어와 표현력이 부족한 사람에게 유용한 방법이며 자기계시(selfrevelation)의 한 양식이라고 했다. 토랜스(Torrance)는 창의적인 표현은 4살부터 4살 반 사이에 절정을 이루고, 학교에 들어가서는 서서히 감퇴현상이 일어난다고 했다.

3) 사회성의 발달

아동들의 미술활동은 각자의 자기표현 활동으로 자신과 관계되는 주변환경, 양식, 규범을 경험하고 사물이나 대상을 나타내는 과정에 사회적 관계를 알게 되고 이해하게 되는 것이다. 이 시기 아동들은 나에 대한 자아의식이 강해지기 시작하고 남녀 간의 관심거리나 놀이에서 차이가 나타나며 또래집단이 형성된다. 아동들은 여럿이 함께 하는 협동작업으로 서로 어울려 만들고 꾸미고 도와주는 과정을 통해 다른 사람의 생각과 의견을 느끼게 되고 이해하면서 사회생활의 방법도 습득하게 되는 것이다. 다양한 종류의 미술활동은 아동들의 사회성 발달을 돕는 데 많은 도움을 준다.

4) 지적 · 신체적 발달

아동은 자신이 원하는 미술활동을 하기 위해서 여러 가지 사물이나 동물들의 특징을 생각하고 관찰하여 상징으로 표현한다. 이러한 과정에서 관찰하는 능력과 이해력이 증진되어 아동의 사고능력과 지각능력이 향상된다. 지적 성장의 척도는 아동의 그림에서 자신의 생각이 미칠 수 있는 세밀한 부분이 어느 정도 날카롭게 충분히 그려졌나로 알아볼 수 있다.

부채에 그림을 그리는 아동

아동이 그리기, 만들기, 꾸미기 등 미술활동을 하기 위해서는 신체의 여러 곳을 모두 움직여야 가능하다. 아동이 처음으로 그림을 그리기 시작할 때는 단순한 신체운동밖에 하지 못한다. 그러나 신체적 통합은 점점 복잡해지게 되고 원하는 표현을 얻기 위해서는 초기에는 많이 서툴지만 계속 활동하는 동안 신체의 조정능력과 통합능력을 기르게 되는 것이다.

4. 아동미술활동의 교육적 의의와 가치

인간은 창조적 동물이며 창조적 본능을 가지고 있다. 이러한 본능적 욕구에서부터 아동미술은 시작된다. 아동의 미술활동은 자기표현의 수단으로, 언어적 표현에 미숙한 아동이 자신의 삶에서 경험한 것을 시각적으로 상징적 형태로 표현하는 것이다. 이러한 미술활동은 아동을 이해하는 데 중요한 통로가 되며, 다른 발달영역과 통합을 이룰 수 있다는 점에서 그 의의가 있다고 할 것이다(이춘영, 2007).

아동미술이 가지는 교육적 의의와 가치를 구체적으로 살펴보면 다음과 같다(이영자 · 이기숙, 2000).

- 아동미술은 그들의 의사소통 수단이다. 아동은 성인과 달리 자신의 느낌과 생 각을 언어로 표현하는 데 어려움을 느끼므로, 미술활동은 아동이 자신과 자신의 세계에

대하여 표현하고 의사소통하는 수단을 제공한다.

- 아동미술은 아동의 성장발달을 촉진시킨다. 아동은 미술활동에 참여함으로써 신체적·정서적·지각적·사회적·인지적·언어적·창의적 발달이 촉진된다. 다양한 미술활동을 하면서 아동은 대·소근육운동능력과 눈과 손의 협응력이 발달한다. 아동은 미술작업을 하면서 신체활동과 조작활동을 한다.

- 다양한 색상·선·형태로 그림을 그리고, 다른 사람의 작품을 감상함으로써 풍부한 감성과 심미감을 기른다. 그밖에 찰흙 빚기, 종이 찢어 붙이기 등의 미술활동을 하면서 불안, 질투, 스트레스와 같은 부정적인 감정들을 정화시키고, 이러한 정서를 긍정적인 방법으로 조절하고 표현하는 것을 학습한다. 미술활동을 통해 아동의 감각발달이 촉진되는데, 특히 시각·촉각의 발달과 밀접한 관계가 있다. 즉, 미술활동을 하면서 색상, 형태, 선, 공간, 구성에 대한 시각적 지각능력을 기르고 다양한 미술재료의 질감을 경험 함으로써 촉각이 발달한다.

- 아동은 미술활동을 하면서 친구와 다양한 상호관계를 맺음으로써 사회성 발달을 이룬다. 미술재료를 친구와 나누어 사용하고, 차례를 지키며, 정리정돈을 하면서 사회성의 기초능력이 발달한다. 또한 아동들이 함께 참여하는 공동작업이나 작품감상 활동을 통해 다른 사람의 생각, 감정, 관점을 이해하고 존중할 수 있게 된다.

- 아동은 미술재료를 구체적으로 탐색하고 조작하여 작품을 만드는 경험을 통해 인지발달이 촉진된다. 미술활동을 하면서 모양, 크기, 색, 공간, 부피, 위치, 방향 등의 속성을 알게 되고, 분류 개념, 서열화 개념, 시간 개념이 발달하며 부분과 전체의 관계, 원인과 결과에 대한 이해력과 문제해결능력이 증진된다. 또한 수를 세고, 숫자를 인식하고, 일대일로 짝지어 보는 등의 활동을 통해 수 개념이 발달하며, 물질의 변화과정을 관찰하고 실험하면서 탐구능력이 발달한다.

- 아동미술은 창의적인 사고를 발달시킨다. 아동의 창작활동은 다양하고 융통성 있는 사고를 증진시킨다. 개방된 교수방법에 의한 미술교육은 아동의 창의성을 발달시킨다. 또한 아동미술은 감정의 배출구로 정서적 치료의 가치를 지니며(오종숙, 1994), 긴장 해소와 어려움을 해결하는 방안이다. 감정적 카타르시스로서 미술표현을 사용하는 습관이 아동기에 이루어진다면 정서적으로 안정되고 건강한 성격을 형성하는 데 큰 도움이 된다.

- 아동미술은 자아 개념과 자신감을 강화시킨다. 아동들은 그들의 작업이 타인으로

부터 인정받았을 때 자신감을 얻는다. 자신감의 상승으로 얻어지는 긍지는 그들의 생각이나 감정을 틀에 박힌 형태로 표현하지 않으며, 자기내면의 세계를 자연스럽게 표출한다.

- 아동미술은 타인의 개성에 대한 적절한 이해와 인식을 발달시킨다(정문자 외, 1987). 아동은 사람에 따라 같은 사물을 보아도 생각하거나 느끼는 바가 다를 수 있으며, 옳은 방법이 꼭 한 가지만 있는 것이 아님을 배우게 되고, 그럼으로써 다른 사람을 받아들이게 된다.

- 아동미술은 기능의 활성화를 유도한다. 창작의 과정은 인간의 모든 경험을 통합하고 이들은 서로 관련되어 있기 때문에 우리는 미술작품에서 통일감을 느낄 수 있다. 인간은 활동·사고·감정의 주된 세 가지 기능에 의해 세계를 이해하는데, 흔히 이 중 한 가지 기능은 잠복되어 있거나 방치된 상태로 있으며, 미술은 바로 이러한 기능을 활성화시킬 수 있다(이무신, 1999).

아동미술교육의 이해

아동미술교육의 이해

1. 아동미술교육의 이해

1) 아동화란

아동미술이란 미술적 표현으로만 끝나는 것이 아니라 아동의 정신세계 투사란 점에서 아동의 성격과 성장발달, 그리고 소박한 생명력의 표현으로도 보아야 한다(한국미술교육학회, 1970). 이렇게 볼 때 아동화(child drawing)는 또한 문자를 익히기 전의 아동에게는 무엇보다도 자신을 손쉽게 표현할 수 있는 표현활동이며 자의식의 노출이라고 할 수 있다. 즉, 아동이 끊임없이 생각하고 배우고 익히는 수많은 사고에 대하여 문자 이전의 방법으로 나타내는 것이 아동화인 것이다. 아동들은 그들의 눈에 보이는 대상을 사실 그대로 그리지 않고 눈을 통해 여과된 심상적 표현으로 나타나며, 표현형태가 어른들이 보기에는 기형적이거나 유치하게 보일지는 모르나 그 표현행위 속에서 그들만의 정직한 느낌과 의미가 내포되어 있다(정대식, 1991).

2) 아동화의 특징

아동은 미술교육의 시각 · 감각훈련을 통해서 환경이나 대상으로 조화를 취하여 그것을 자기의 것으로 구체화시킬 수 있는 능력이 생성되는데, 이것은 미적 생활을 누릴 수 있는 생활인으로서의 기초가 된다. 그러므로 아동이 미술을 통해 자기표현력을 키울 수 있게 하는 것은 아동미술교육에 있어서의 커다란 과제라 할 수 있으며, 올바른 표현의 유도는 아동의 성장에 필요한 과제인 것이다.

아동의 그림은 '마음의 창(窓)'이라고 한다. 그러므로 아동의 성격, 지능, 심리, 환경 등은 그림에 그대로 반영되며, 이러한 그림은 그 소재나 색깔 등에 있어 다양함을 갖는다. 현대심리학은 아동의 심리를 몇 가지 유형으로 분류함으로써 심성이나 행동을 이해하게 되었고, 이러한 심리학적인 배경을 가지고 아동의 복잡한 미술표현들을 이해하려는 시도가 이루어졌다(배지현, 2003).

아동화의 그림을 조형적 또는 심리학적으로 분류한 학자들의 표현유형 중 리드(H. Read)와 김정(金正)의 분류에 대해 알아보겠다.

(1) 리드의 표현유형 분류김춘일, 1984

리드는《예술을 통한 교육(education through art)》에서 아동의 표현유형을 다음과 같이 여덟 가지로 제시하였다.

① 유기형(organic form)
직접적·시각적이며, 외적 대상에 동적이다. 단일의 대상보다는 집단적인 대상을 즐기며 이를 통한 자연의 비례와 구조관계를 파악한다.

② 인상형(impressionist)
개념적인 전체보다는 관찰된 세부의 특징에 열중하며 정서적이고 기분파적이다.

③ 구조형(structured form)
비교적 드문 유형으로, 주제를 기하학적으로 양식화하여 표현하며, 자연의 표현보다 대상 안에 있는 양식을 지각하여 표현한다.

④ 열거형(enumerative form)
전체적으로 대상에 의존하는 표현을 하면서 꼼꼼히 자세히 본 만큼, 또는 감흥이 부족하고 건축가의 설계도와 같은 표현을 한다.

⑤ 표현형(expressionist)
자아중심적인 감각을 표현하는 것이 아니라 감각에 주어진 외부대상을 재현할 때는 촉감적·육체적 감각 외의 것에 대한 어떤 억제가 가해진다.

⑥ 장식형(decorative form)

색채와 평면에 주로 의존한다. 유쾌한 패턴을 나타내기 위해서 색채와 도형 형태를 즐겨
쓴다.

⑦ 율동형(rhythmical form)

관찰 대상의 율동에 애착을 가진다. 관찰한 소재를 화면 가득히 반복적으로 표현한다.

⑧ 감정이입형(empathetic form)

유기적인 감정요소를 포함하여 그 감정을 외적인 형체 속에 뚜렷하게 투입한다.

(2) 김정의 표현유형 분류

우리나라의 아동을 대상으로 그림의 유형을 나눈 것으로, 이것은 심리나 성격과는 관계
없이 단지 그림 스타일과 조형적 측면이 강조된 형태의 분류법으로 다음과 같이 일곱 가
지의 유형으로 분류하였다(김정, 1986).

① 대담형

우선 시원스럽다는 인상이 들 정도로 그림이 시원하며, 표현대상의 제한이 없고 크게 그
려내는 것이 특징이다. 색은 비교적 진한 색을 사용하여 그리는 경향이 있고, 그림을 그
릴 때 마치 장난으로 그리는 것 같으나 사실 진지한 태도일 때도 마찬가지이다. 생활수
준이 상위로 올라가면서 많은 분포를 보이며, 차남 이하의 아동에게서 많이 나타나는 경
향이 있다.

② 소극형

그림이 아주 작거나 구석에 그리는 경향이 있다. 의사표현이나 행동이 조용하며, 하루
종일 그림을 그리라고 하여도 실컷 그릴 수 있는 아동이다. 그림의 내용은 대게 작게 그
리나 그림의 양은 매우 많다. 부분적 묘사는 상당한 수준이지만 전체적으로 볼 때 감정
이 부족한 맛을 느끼게 된다. 심리학에서는 아동의 이러한 태도를 억압된 상태의 불안에
서 오는 현상이라고 한다. 하지만 조형적 입장에서는 전혀 아닐 수도 있다. 남아보다 여
아에게 더 많이 분포한다.

③ 개인형

그림은 부지런히 그리는데 그 내용이 무엇을 그렸는지는 알아볼 수 없는 그림이다. 엄밀

히 따지고 보면 본인 위주의 주관적 그림이다. 싱싱하고 원색적인 표현을 한다. 개인형 아동에게는 무엇보다도 직접 그린 그림에 대한 아동 자신의 이야기를 들어주는 것이 좋은 방법이다. 남아에게 많이 분포된다.

④ 비약형

아동의 상상력과 관련이 있다. 화지에 그림을 그리면 금방 그것에 관련된 표현들이 덧붙여 나온다. 예를 들어, 꽃을 그리면 나비를 그리고, 또 동생 나비를 그리며, 개미, 참새 등의 관련된 부수적인 표현이 더 많이 노출되는 것이 특징이다. 비약형은 지극히 논리적이면서 연결이 계속된다. 남아와 여아가 고른 분포를 보인다.

⑤ 불균형형

그림이 잘 되는 듯 하다가는 곧 부실해지며 끝내는 완성하지 못하고 끝나는 것이 특징이다. 훈련이나 능력의 부족으로 못 그리는 그림은 그런대로 뻗치는 노력과 힘이라도 있지만 불균형형은 불확실한 그림이다. 아오키는 이와 비슷한 그림을 가리켜 표현과 흥미의 교유에서 오는 과도적인 결과라고 지적했다. 우리나라의 아동에게는 극히 드문 유형이다.

⑥ 성급형

그림을 끝까지 그렸지만, 어딘지 미완성인 듯한 느낌을 받는 유형이다. 그림의 내용을 지극히 간단하게 처리시켜 끝내버리는 것이다. 묘화의 행위가 빨리 이루어지기 때문에 신선한 감정과 단순한 아동의 맛이 풍기는 맛도 있다. 여아보다 남아가 많고, 농촌보다 도시, 주택과 아파트 지역보다는 상가, 시장 주변의 아동에게서 많은 분포를 나타낸다.

⑦ 표준형

우리나라 아동화의 65% 이상을 차지하고 있으며, 어디에 크게 치우치지 않고 보편타당성을 지닌 표현이다. 아동이 보고 느끼고 그려내는 행위는 순전히 아동 개개인의 능력일 뿐 어떤 외부의 힘이 크게 작용하지 않는 것이다.

2. 아동의 미적 능력 발달

1) 아동화 발달단계 연구

(1) 아동화의 표현적 특성

아동의 그림은 그들이 자라난 환경, 성장속도 등의 개인적 차이로 인하여 표현방법이 각자 다르게 나타나고 있다.

아동화의 보편적인 표현적 특성을 정리하면 다음과 같다(박은덕, 1998).

① 난화적 표현

아무런 목적 없이 마구 그리는 난잡한 선으로 그리는 것을 말한다. 어떠한 대상을 그리는 것이 아니라 그리고 싶은 욕구 그 자체가 목적이 된다. 권상구(1991)는 대개 첫돌이 지나서부터 4~5세까지 나타나는 표현으로 착화라고도 하는데, 아무 목적 없이 마구 난잡한 선으로 그리는 것을 말하며, 대상을 그린다기보다 그리고 싶은 욕구 그 자체가 목적이 된다고 하였다.

② 의인화 표현

아동이 모든 사물에 생명을 부여하여 사람과 유사한 형태로 그리는 것을 말한다.

애니미즘(animism)이라고 부르며, 생물이든 무생물이든 모든 사물에 자기와 같은 얼굴을 붙여 의인화적으로 표현한다.

③ 열거식 표현

아동의 표현은 사물과 사물과의 관계 판단이 부족하기 때문에 화면 전체의 통일성이 없고 열거식으로 표현되는 것이 대부분이다. 자기가 관심을 가지고 있는 것, 자기경험 등 생각나는 대로 하나하나 그려가며 그것으로 만족한다. 사물의 표현은 구체적이면서도 공간의 통일성은 없고, 주관적으로 공간을 구성하고 있으며, 화지를 빙글빙글 돌려가며 그림을 그린다.

④ 투시적 표현

뢴트겐 화법 또는 엑스레이 화법이라고도 한다. 건물을 그릴 경우 건물 속에 있는 것까지 투시적으로 표현하는 것을 말한다. 자동차 안에 탄 사람을 발끝까지 모두 그리거나 집 안의 사람이 벽을 통해 보이도록 그린다. 아동은 시각적으로 동시에 표현하기 어려운 부분일지라도 자신의 경험적 지식을 토대로 볼 수 없는 것들을 투시하여 그린다.

⑤ 공간의 동시성 표현

아동이 사물을 그릴 때 본인의 시점을 이동하여 그리기 쉬운 방향, 혹은 그 사물의 특징을 가장 잘 나타내는 방향에서 본 형태로 변형하여 그리는 형상을 말한다. 그리고자 하는 대상은 자기경험에 의한 것으로 비례, 시간, 공간, 방향, 위치 등이 하나의 평면상에 동시에 표현한다. 예를 들어, 자동차의 앞모습과 옆모습을 동시에 표현하거나 집의 정면과 측면을 동시에 표현하는 것을 말한다.

⑥ 자기중심적 표현

아동들은 과장하거나 생략하여 자신의 욕구를 표현한다. 강한 인상을 받았거나 중요하다고 생각되는 것은 크게 그리고, 중요하지 않은 것은 작게 그린다. 대상의 대소는 원근을 무시한 채 자기 주관대로 그리는 것이다. 예를 들어, 집보다 사람을 크게 그리거나 사람만큼 큰 꽃을 그리는 것을 말한다.

⑦ 기저선의 표현

유아기가 지나면 사물과 사물과의 유기적 관계를 의식하게 된다. 그 이전에는 화면 전체를 평면으로 보고 그 위에 사람이나 자동차 등을 선묘화로 표현했지만 도식기부터는 기저선을 긋고 하늘과 땅을 구분하게 된다.

땅 위에 사람, 집, 나무, 꽃 등이 있고, 하늘에는 태양, 구름, 새, 비행기 등이 그려진다.

⑧ 반복적 표현

같은 모양을 여러 번 반복하여 표현하는 것을 좋아한다. 그림에도, 문장에도 이러한 현상이 많이 나타난다. 반복적 표현을 통해 도식을 익혀간다.

⑨ 시 · 공간의 동시성 표현

시차 및 공간의 이동을 수반하며 연속하여 일어나는 사건들을 만화처럼 한 장의 종이에 표현하는 것으로 과거, 현재, 미래 등에 일어난 일련의 상황들이 한 그림에 동시에 나타나는 것을 말한다. 아동들은 동화나 만화처럼 이야기를 연속성과 시간의 흐름을 동시에 표현한다. 즉, 과거, 현재, 미래를 한 장의 도화지에 표현한다. 예를 들면, 아침에 일어나 소풍을 준비하는 것, 버스를 타고 가는 것, 도착하여 노는 것 등을 모두 표현한다(교육인

적자원부, 2005).

⑩ 대칭적 표현

아동들은 화면을 십자나 수직이등분선 등으로 구분해서 대칭적으로 표현하든가, 또는 물체를 상하 또는 좌우로 배열하여 대칭적으로 표현하는 예가 많다. 이러한 표현은 공간에 대한 중압감 등으로 표현에 자신감이 없는 경우에 화면을 등분하여 한 칸 한 칸 계획적으로 채워 나가는 방법이며, 화면을 장식적으로 표현하고 싶은 심정에서 구상적 방법으로 표현하는 경우와 심리적 불안감, 공허감을 탈피하여 심리적 안정을 찾고 싶은 심정에서 상하좌우의 균형을 잡아 표현하는 예도 있다.

2) 연령별 아동화 발달단계와 특징

미술교육은 아동이 성장해 가는 데 커다란 의의를 지니고 있다. 로웬필드(V. Lowenfeld)는 미술이야말로 교육 중에서 가장 생명력을 지닌 학습이라고 지적했으며, 에릭슨(Erikson)은 정서적으로 심한 갈등을 느끼는 아동들은 미술활동을 통해 자연적인 자기 치료가 가능하다고 말한다. 또한 쉴러(F. V. Schiller)는 미술을 감성과 이성을 조화시키는 매개수단으로 보았다. 그는 '인간은 바로 미술에 의해 완성되어야만 한다'고 하였다(김연주, 2004).

이처럼 여러 학자들은 미술교육의 중요성을 강조하고 있으며, 아동들은 미술을 통해 자신들의 느낌을 표출하면서 정신적 · 지적 · 사회적 · 정서적 · 미적인 인간으로 성장할 수 있는 것이다.

아동미술의 표현발달단계를 보면, 아동의 미술 표현은 연령과 관련하여 그 형태가 다른 것이 특징이어서 그 특징을 포착하려는 노력은 19세기부터 진행되었으며, 지금도 역시 큰 관심사 중 하나이다(차동채 외, 1988).

미국의 교육학자 로슨(D. Lawson)은 "바람직한 미술교육이란 작품을 만들어 내는 것에 있는 것이 아니고 아동의 성장발달을 돕는 데 두어야 한다"고 하였다(김용권, 2006).

물감을 사용하여 그림 완성하기

여러 학자들은 아동화에 대한 연구를 19세기 말부터 시작하였는데, 아동의 그림들을 연령별로 분류하고 조사한 결과 연령에 따라 그림의 특징적 요소가 있다는 것을 찾아내었고 그것을 바탕으로 발달단계를 정리하였다. 하지만 학생 개개인의 성장 속도, 주어진 환경, 타고난 개성 등이 다르기 때문에 모든 학생들이 똑같은 시간에 정확하게 다음 단계로 발달하는 것은 아니며 미술표현발달에 있어서 한 단계가 어느 시점에서 정지하고 다음 단계가 어느 시점에서 시작하는지 정확히 말하기 어렵다.

특히 언어나 다른 전달수단에 의한 의사소통이 비교적 자유롭지 못한 아동은 낙서나 그림을 통하여 자신의 감정이나 갈등 등의 마음의 상태를 반영한다.

이는 아동의 그림이 예술적인 측면보다는 그들 내면 세계를 반영하는 중요한 의미를 지니고 있기 때문이라고 할 수 있다. 아동은 각기 다른 신체적·정서적 특징을 지니므로 표현양식이나 발달 정도의 차이는 물론, 그에 따른 적절한 지도가 가능하기 위해서는 아동에 대한 올바른 이해가 선행되어야 함은 당연하다.

(1) 로웬필드의 발달단계

로웬필드(V. Lowenfeld)는 발달단계를 난화기(the scribbling stage : 2~4세), 전도식기(the pre-schematic stage : 4~7세), 도식기(schematic stage : 7~9세), 또래집단기(gang age : 9~11), 의사실기(pseudo-realism stage : 11~13세), 결정기(period of decision : 13~17세)로 구분하였는데, 이 장에서는 의사실기까지 정리하였다.

여섯 단계로 아동의 발달단계를 구분한 로웬필드는 아동이 태어나 성장하면서 일정한 단계를 거쳐 순차적으로 발달하는 것이 매우 중요하다고 생각하였다. 그래서 먼저 아동의 발달단계를 정확하게 파악하여 수준에 맞게 주제, 동기부여, 재료 등을 주어야 한다고 하였다. 그렇다고 이런 발달단계의 접근이 개인적 차이를 무시하는 것이 아니며, 그 차이를 인식하기 위한 출발점으로 삼아 적절한 지도를 위해 발달단계의 이해가 있어야 한다고 보았다(이지현, 1995).

① 난화기
- 전기(무질서한 난화기) : 무질서한 근육운동으로 손놀림이 조절되지 않으며 방향감각 없이 그리는 그림
- 중기(조절하는 난화기) : 손의 조절이 조금 이루어져 자신의 손의 움직임과 그림의

모양이 조금씩 일치되는 그림

- 후기(명명하는 난화기) : 무의식적인 접근이 의식적인 접근이 되어 자신이 그려놓은 다양한 난화에 이름을 붙이는 시기

② 전도식기

최초의 사실적 표현기로 끄적거리는 단계와 분명하게 구분되는 것은 아니며, 아동이 표현하고자 하는 목적물을 하나의 생각으로 그리는 단계로 지각이 시작되는 단계라고 할 수 있다. 대상은 주로 인물, 나무, 해, 산 등을 그리며 모든 것은 자기중심적으로 표현한다. 인물을 그릴 때 원은 머리로, 선은 다리로 표현한다. 색을 구별할 줄 알며 감정과 정서에 따라 좋아하는 색을 선택하여 칠한다.

공간의 개념이 덜 발달하여 자기를 중심으로 사물을 배치하고 회전하는 모양으로 그린다. 이 시기에는 객관성이 없으며 협동의식을 깨닫게 되고 개인차가 많이 나는 시기이다. 입체적 표현양식이 끊임없이 변화되고 세부에서 시작하여 자신들의 의식에 따른 부분들을 첨가시켜 그것들을 서로 연결시킴으로써 작품을 만든다. 세부적인 표현까지 들어가지 않는 것이 특징이다.

③ 도식기

이 단계에서는 사물의 개념을 습득하는 시기로 그림에 대한 도식이 생기는 시기이다. 자신과 대상과의 관계를 공식화하고 그것을 도식화하여 표현한다. 또한 중요한 부분을 과장하고 중요하지 않은 부분을 생략하며 주관적인 인물과 공간 개념을 표현한다. 기저선(base line)이 나타나 바닥이나 땅을 나타낸다. 이 시기의 아동은 색에 대한 도식이 형성되어 사물의 색을 느낌이나 주관만으로 선택하지는 않는다.

원근과 상하, 배경 등에도 관심을 가지고, 표현에 있어서도 자신과 의욕이 나타나는 시기이다. 이 시기 대체적인 표현방법을 보면 서 있는 사람들을 중첩하지 않도록 분포시켜 그리는 것이 나타난다.

④ 또래집단기

도식적인 표현에서 탈피하여 객관적이고 사실적인 묘사로 접근하는 시기로서 유희기라고도 한다. 이 시기의 아동은 의식이 확대됨에 따라 시각적 개념으로 현실을 재현하고자 한다. 시각과 지각의 발달로 거의 객관적인 상태에서 사물을 관찰하며, 주위환경에 관심을 가진다. 사물을 보다 객관적이고 실제적으로 표현하는 리얼리즘의 시초단계로서 색

채도 사실적인 양상을 강하게 보여 주며, 사실적 표현에 미숙한 아동들이 미술표현에 흥미를 잃어버리는 현상이 나타나기 시작하는 시기이다.

⑤ 의사실기

이 단계에서는 합리적이며 사실적으로 표현하려고 애쓰며, 시각형과 비시각형인 경향이 나타난다. 또한 배경과 원근감, 비례 등을 표현하며, 모든 묘사는 운동감이 풍부해지고, 3차원적인 입체표현이 가능하게 된다. 무의식적으로 소조하는 단계에서 의식적으로 조각하는 단계로 넘어가는 시기이다. 시각형(객관적인 형)과 비시각형(주관적인 형)으로 구분되어 나타난다.

(2) 김정의 연구김정, 1986

① 신생아기(0~3세)

무엇이든지 입에 갖다 대는 시늉을 많이 하지만, 연필이나 기타 물건을 가지면 흔들어 대기도 한다. 우리나라 아동은 상당히 빠른 편이다.

② 난화기(3~5세)

낙서 같은 그림이 뒤죽박죽으로 섞인 형태의 그림을 그린다. 아동에게는 대단히 중요한 시기다. 그림을 그리려는 시간이 차츰 늘어나면서 관심을 보이게 된다.

③ 전도식기(5~7세)

그림에 대한 흥미와 감정이 최고조에 도달할 정도로 묘화에 접근한다. 그림의 특징도 이 시기에 많이 나타나게 된다. 가장 좋은 그림을 즐겁게 그리며 또 자주 그리려고 한다.

④ 도식기(7~9세)

사물의 형태를 자세히 관찰하면서 그림에 대한 객관적 표현이 시작되는 시기다. 유치한 듯한 표현이 나타나면서도 청소년의 작품 같은 그림이 나타나기 시작한다.

⑤ 여명기(9~11세)

객관적 표현이 점차 강하게 되면서 사물의 리얼리티로 접근하게 된다. 시각과 지각의 발달로 그림이 점차 어른스러워진다.

⑥ 의사실기(11~13세)

리얼리티의 숭배사상에 의해 그림이 완전히 모델과 같은가, 같지 않은가를 스스로 평가한다. 지나치게 사실적이어서 자칫 만화풍에 젖게 되는 시기이다.

⑦ 사춘기(13~16세)

자신의 그림에 대해 비판적인 인식을 갖게 되므로, 그림표현에 관해 별 신경을 안쓰며 포기를 잘 한다. 그림을 유치하다고 보게 되면서 점차 그림을 멀리하게 된다.

연령별 아동의 다양한 그림

만 3.4세의 그림 〈친구〉

만 3.6세의 그림 〈엄마〉

만 4세 남아의 그림 〈비행기가 없다면〉

만 4세 남아의 그림 〈바다 이야기〉

만 4.5세의 그림 〈이모는 요리하고 난 언니랑 놀아요〉

만 4.5세의 그림 〈비행기 여행〉

만 5세의 그림 〈친구네집 초대〉

만 5세의 그림 〈기차 여행〉

초등 1학년 아동의 그림 〈숲 속의 산책〉

초등 2학년 아동의 그림 〈내 몸 속 기계들〉

초등 2학년 아동의 그림 〈목욕〉

초등 2학년 아동의 그림 〈아빠랑 자전거타기〉

초등 2학년 아동의 그림 〈우리 동네 주유소〉

초등 3학년 아동의 그림 〈숲 속의 음악회〉

초등 3학년 아동의 그림 〈바닷속 이야기〉

초등 5학년 아동의 그림 〈우주정거장〉

아동미술활동의
기본요소와 원리

Chapter **3**

아동미술활동의 기본요소와 원리

아동미술교육은 많은 재료를 접하고 여러 미술활동을 해봄으로써 숙련된 기술을 습득하는 것이 아니다. 미술의 기본요소인 점, 선, 면, 형태, 색채, 명암과 음영, 질감, 양감, 공간, 구도 등을 가지고 미술에 대한 정확한 이해와 미술의 원리인 창의성, 발달과 능력, 자발적 의지, 조화로운 인격 형성, 유연성, 경험과 표현과 조형의 원리인 통일, 조화, 균형, 대칭, 규모, 비례, 율동, 운동감, 변화, 강조, 점진, 반복, 착시 등과 함께 아동이 가지고 있는 나름대로의 독특하고 창의적인 발상능력을 자발적으로 표현함으로써 자아표현의 동기를 주는 것이다. 다시 말해, 아동은 미술의 창의적인 활동과정에서 새로운 아이디어와 독립적인 문제해결능력을 얻고, 미술도구와 재료를 나누어 사용함으로써 협동과 타협하는 법을 배우며, 미술활동과정을 통해 자신감과 만족감을 느끼면서 자연스러운 성장과 발달, 학습을 돕는 중요한 요인이 된다.

아동미술활동의 기본요소와 원리에 대한 이해는 아동들이 자신의 경험에서 얻게 된 온갖 아이디어를 유용하게 사용할 수 있도록 원리의 중심적·논리적 가치체계를 가지는데 원동력으로 작용한다(김길권 외, 2006). 또한 아동이 미술활동을 확고한 원리를 바탕으로 실시할 때 보다 긍정적이고 발전적인 아동미술교육의 기반을 이룰 수 있다.

1. 아동미술의 기본요소

1) 점

점의 형태는 표식을 나타내는 조그마한 존재이다. 또한 미세한 것으로 크기를 갖고 있지 않고 위치를 표시하는 것이다. 그리고 눈의 목표를 세우는 표식으로써 위치를 표시하는 존재의 개념을 가지고 있다. 조형에서의 점은 형을 갖지 않으면 시각적으로 표식할 수 없기 때문에 크기와 모양을 갖는다. 또 그 크기에 따라 느낌이 서로 다르다. 여러 형태 안에 작은 점을 밀도 있게 찍게 되면 형태의 내부가 꽉 차 보이고 강하게 보이는 느낌을 준다. 반면에 점의 수를 적게 찍으면 흐리게 보이거나 부드럽게 보인다. 또한 점의 위치와 연속점에 따라 움직임을 느낄 수 있는 리듬감도 생긴다.

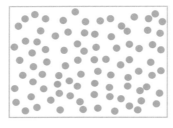
점을 밀도 있게 표현

점의 수를 적게 표현

2) 선

선의 일반적 개념은 실과 같은 느낌이 나고 길이와 위치만 있다. 또한 폭과 부피가 없고 공간에서의 방향성과 길이가 있으며 가늘고 길다. 선은 크기가 없는 점의 연결들로서 굵기가 없고 점의 이동에 따라서 직선, 곡선이 생긴다. 다시 말해 물체를 묘사하거나 그 윤곽을 그리며 형태를 표현한다. 미술은 선으로 감정을 표현하고 여러 사물이나 형태를 표현하므로 자신만의 미적 세계를 표현한다. 또한 점이 연결되어 형상화되며 점의 표현과 동일하고 유사한 점이 있다. 선이 놓여지는 방향과 길이에 따라서 각기에 방향성이나 운동력을 표출한다.

• 직선(A) : 일반적인 직선의 느낌은 속도감, 긴장감, 직접성, 예리함, 명쾌, 간결함이 느껴진다. 또한 생리적·심리적 각도에서 보면 남성적인 느낌이 강하다.

A 직선

B 곡선

- 곡선(B) : 일반적인 곡선의 느낌은 유연, 풍요, 우아, 간접성, 경쾌, 리드미컬, 온화한 느낌이 든다. 또한 심리적 각도에서는 직선과 반대인 여성적인 느낌이 강하다.

3) 면

면은 선에 의해 윤곽이 표현된다. 또한 색채의 힘을 빌어 구성에 가장 큰 영향을 미친다. 기하학적 측면에서의 면은 삼각형의 단위면으로부터 시작되지만 미술적 표현에서의 면은 아주 다양하게 나타난다. 면에는 여러 가지 표정이 있는데, 그것은 면의 외부 형태나 내부의 질감 등에 관계하며 그 크기와도 관련이 있다. 예를 들어, 면의 형태가 부드럽고 농담으로 명암 처리가 되어 있는 면이라면 부드러운 형태가 될 것이고, 면이 여러 가지의 입체감으로 표현되어 있는 면은 리듬감과 움직임을 느낄 수 있다.

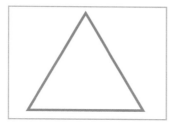

면의 시작인 삼각형

여러 면의 리듬감과 움직임의 면

4) 형 태

형태는 사물 본래의 고유한 형태와 변형된 형태, 창조적인 형태로 나눌 수 있으며, 또 크게는 직선형과 곡선형으로 분류할 수 있다.

(1) 직선형

- 기하학적 형태 : 안정감, 신뢰성, 확실성, 강력함, 명료함, 질서, 간결함이 느껴진다.

• 자유로운 형태 : 강렬함, 예민함, 직접적, 남성적, 대담함, 활발함, 명쾌함이 느껴진다.

(2) 곡선형

• 기하곡선 형태 : 직선보다 부드럽고 수리적인 질서가 느껴진다.
• 자유곡선 형태 : 기하학적인 질서를 갖고 있지 않은 곡선이기 때문에 아름답고 자유 분방하며, 매력적이지만 반면에 추한 느낌도 느껴진다. 또한 여성적이고 유연한 반 면, 불명료함과 무질서가 느껴진다.

5) 색 채

색채는 조형요소 중에서도 가장 감각적이고 본능적이라 할 수 있다. 또한 색은 여러 가 지 감정을 일으키는 주된 원인이 될 수 있다. 색은 색상, 채도, 명도의 세 가지 속성을 지 닌다.

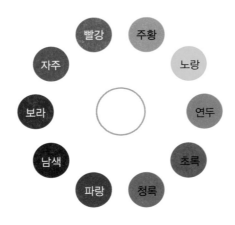

기본색

6) 명암과 음영

(1) 명 암

명암은 미술활동의 과정과 결과물에 표현되는 밝기의 단계이며, 빛의 변화와 강약에 따 라 크게 영향을 받기 때문에 색채의 대비와 감정에도 중요한 작용을 한다. 그리고 명암

명 암   음 영

의 조화는 색채 조화의 기초이기도 하다.

(2) 음 영

음(陰)이란 빛에 의해 물체에 생기는 그늘을 말하고, 영(影)이란 그 물체로 인해 다른 대상 위에 생기는 그림자이다. 음영은 빛의 방향과 강약, 물체면의 종류와 굴곡, 곡선의 종류 등에 따라 다양한 변화를 가진다.

7) 재질감

재질감은 형태, 색채와 함께 구성의 요소이며 물체의 표면이 갖는 느낌의 질감을 나타낸다. 촉각으로부터 시각적 촉감에 이르기까지의 모든 느낌을 말하며, 의식적 의도에 의하여 만들어진 것과 자연 그대로의 것으로 나눌 수 있다. 재질감은 실제로 만져서 알 수 있는 촉각적 재질감과 눈으로 보아서 촉감의 차이를 구별하는 시각적 재질감으로 나눌 수 있다.

8) 양 감

양감은 흔히 부피감이라고 한다. 양감을 회화적 표현인 형태, 명암, 색채로도 표현이 가능하고, 입체적인 표현인 사실적 표현 등으로도 가능하다. 또한 외적인 형태가 갖는 실제적 무게에 대한 감각을 말하기도 하며, 현대의 건축이나 공예 분야에서도 중시되고 있다.

9) 공 간

공간은 통일과 변화의 원리를 가지고 있어 물체의 특성들을 한층 더 강하게 살려 주는 촉매제 역할을 하며, 미술작품이 차지하는 물리적인 공간과 작품 속에 표현되어 있는 조형적인 공간으로 나눌 수 있다. 또한 공간은 화면상의 어떤 형태를 구성할 때 생기는 실제적 공간과 의도적으로 만들어 내는 공간으로도 나눌 수 있다. 공간은 상하·좌우로 무한하게 펼쳐져 있어 자연의 대상을 에워싸고 있으며, 질서, 비례, 조화, 동세 물체형태의 특성을 형성하여 공간을 구성한다. 따라서 하나의 입체가 형성될 수 있는 기본적 요소로 공간은 절대적인 것이다. 그러므로 사방이 공간으로 둘러싸인 조각에서는 공간의 중요성을 인식하고 개체와 아울러 다루어져야 한다.

10) 구 도

구도는 '어떠한 화면을 어떠한 구조로 구성해 갈까?'라는 문제를 화면을 통해 아름답게 말하려는 것이다. 즉, 건축에 비유하면 설계도와 같은 형과 색의 짜임과 계획이다. 조형 요소로서의 구도는 미술적 표현에 임할 때 화면을 구성하는 계획으로서 화면의 변화를 주고 통일성 있는 아름다움을 느끼게 하는 큰 역할을 한다. 변화가 너무 많으면 혼란해지고, 통일을 강조하여 변화가 너무 없으면 단조롭게 되므로 화면상의 포인트를 주어 질서, 조화 등의 통일성을 함께 이루게 하는 것이 바람직한 구도라 할 수 있다.

2. 아동미술의 기본원리

1) 아동미술은 창의적인 과정을 바탕으로 이루어져야 한다

아동은 호기심이 가장 왕성한 시기이기에 개방적으로 표현하고 새로운 아이디어를 경험하고 싶어 한다. 이때는 주변의 사물을 조사하고 발견하는 가운데 발생하는 즐거움과 창의적인 작업으로 문제의 답을 발견한다. 아동들이 미술활동을 하는 가운데 새로운 아이디어로 창의적인 접근을 계획하고 시도하며 작업을 마무리하고, 독창적인 방법으로 작업을 완성시킨다. 즉, 새로운 방법으로 어떤 것에 관해 행하거나 생각할 때 이는 창의적

표 3-1 유아교육기관에서 창의성을 향상시킬 수 있는 예

구 분	예
등원계획	유아들이 등원한 후 할 수 있는 개별적인 활동을 제공해 주세요.
언어 영역	한 단어보다는 문장으로 적어보는 활동과 여러 가지 읽기 활동을 제공해 주세요.
다양한 흥미 영역	독립적으로 자신의 생각을 창의적으로 개발할 수 있도록 도와주세요.
계절적 고려	계절에 맞는 학습주제로 유아의 활동을 확장시켜 주세요.
프로젝트	한 가지 주제에 대해서 좀 더 깊이 있게 탐구해 보는 유아들이 될 수 있도록 해 주세요.
과제물	확산적인 사고를 요구하는 여러 가지 과제를 통해서 유아와 부모와의 상호작용을 증진시켜 주세요.
차트 활동	한 주제에 대해서 그룹토의나 이야기 나누기를 하고 이를 기록해 보세요.
부모 자원봉사	부모를 자원봉사자로 활용하세요.
브레인 스토밍	자신의 생각을 모두 이야기해 보는 시간을 갖도록 하세요. 유아들에게 독특한 생각을 이끌어 낼 수 있도록 충분한 시간을 제공해 주세요.
자유선택활동	유아들에게 자유선택활동시간에 참여할 수 있는 다양한 활동들을 제공해 주세요.

출처 : 오연주 외, 1997

인 과정을 바탕으로 이루어진다.

- 다양한 재료를 제공하여 재료에 대해 탐색하고 아동이 원하는 새로운 표현을 할 수 있게 생각하는 충분한 시간을 자유롭게 가질 수 있게 한다.
- 아동이 생각과 아이디어를 자유롭게 표현하게 하여 새로운 기법의 개발, 표현을 증대시켜 나갈 수 있게 한다.
- 이미 겪은 경험을 격려하고 서로 이야기해 봄으로써 고착된 생각을 확장시켜 주고 새롭게 응용하여 보다 나은 사고의 유연성을 키워 준다.

2) 아동의 발달과 능력에 맞게 이루어져야 한다

사람마다 가지고 있는 발달과 능력은 각기 다르고 아동 간에도 각각의 많은 차이를 보인다. 아동의 능력이나 발달은 주어진 환경에 따라 많은 차이가 나타나기 때문에 여러 가지 요인들을 고려하여 아동미술교육과정이나 방법의 계획, 수립과정에서 차이를 주어야 효과적인 결과를 예측할 수 있다.

아동미술활동은 능력별 교육활동을 중시하고 아동이 각자 가지고 있는 개성과 능력에 맞게 기초자료를 확보하여 이를 바탕으로 이루어져야 효과를 극대화할 수 있다.

- 아동의 자율적인 활동을 보장하고 미술활동을 할 수 있게 기초자료와 시설이 제공되어야 한다.
- 아동의 성장발달과 능력의 개인차를 고려하여 이루어져야 한다.
- 아동의 창의적이고 개성 있는 발상을 키워 주고, 각자가 가지고 있는 개인차를 세밀하게 파악하여 적절한 계획을 수립할 수 있게 한다.
- 아동 각자의 미술활동은 자기 자신의 심상표현이기 때문에 존중해 주고 올바른 심상을 표현할 수 있도록 해야 한다.

3) 아동미술활동은 자발적으로 이루어져야 한다

아동미술활동은 아동의 즐거운 작업이다. 모든 활동이 다 그러하듯이 아동 스스로 흥미를 가지고 임할수록 능동적인 활동이 이루어지며, 그 결과물의 효과는 배가 될 수 있다. 다시 말해 어떤 활동보다 미술활동은 자발적으로 이루어져야 아동의 자유로운 생각을 이끌어내기가 쉽다. 즉, 아동의 창의적이고 자유로운 활동은 활발하고 바람직한 미술활동을 전개해 주고 미술활동에서 강조하는 창의성을 키워 줄 수 있다.

아동에게 최대한의 자발적인 시간을 주어 그 안에서 자기를 마음껏 표출하게 하는 것은 오늘날 교육이 지향하는 방법이며, 자발적인 미술활동을 하면서 갖는 시간은 책임감이 따르고 그 책임의식 속에서 아동은 폭넓고 다양한 창조성이 발휘되고 긍정적이며 능동적인 인간으로 자라게 한다.

- 직접적이면서 간접적인 미술활동을 접함으로써 권유하고 수용하는 미술활동이 되어야 한다.
- 활동에 대한 부담감보다는 놀이로서 자유롭게 이루어져야 한다.
- 자신만이 가지고 있는 발상과 욕구 충족을 할 수 있는 시간임을 알아야 한다.
- 미술활동을 다양한 재료와 활동으로 이루어질 수 있게 하여 아동의 흥미와 욕구를 일으켜 아동 스스가 적극적으로 참여할 수 있도록 한다.

4) 조화로운 인격발달에 도움을 주어야 한다

미술활동은 창의적인 표현을 함으로써 정서의 순화와 가치관 정립으로 올바른 인격, 품성을 기를 수 있는 기회를 제공해 주므로 온전한 인격체를 육성하는 활동이다.

아동이 미술활동을 통해 자신의 내면 세계 갈등과 욕구를 표출하고 개발하므로 정서와 감정을 순화시켜 준다. 풍부하고 안정적인 감정을 가지게 되면 나 자신만의 이익을 생각하는 이기적이고 편협한 인간으로 성장하는 것이 아니라 따뜻한 인간애를 느낄 줄 알고 남을 배려할 줄 아는 정서를 지니게 된다. 그러므로 감정이 풍부한 인간교육의 차원에서 아동미술활동이 이루어져야 한다.

- 미술활동을 통해 아동의 정신건강에 도움을 주어야 한다.
- 원만한 인간관계를 이룰 수 있도록 사회의식을 높일 수 있는 활동으로 이루어져야 한다.
- 미술활동으로 정서와 감정의 순화를 이룰 수 있어야 한다.
- 미술활동은 아동의 내적 · 외적으로 적절한 조화를 이룰 수 있도록 하고, 훌륭한 인격과 자질을 가지게 한다는 의미를 부각시키는 활동으로 이루어져야 한다.
- 미술활동은 조화롭고 올바른 인격체를 육성하기 위한 수단으로서의 목적이 있음을 알아야 한다.

5) 유연성 있는 미술활동이 되어야 한다

창조적인 미술활동은 자유로운 가운데 이루어지는 것이지 어떤 틀 안에서 이루어지는 것은 아니다. 다시 말해 자율성을 보장하는 가운데 여러 가지 조건에 따라 탄력적으로 변화하고 융통성과 유연성을 지니는 활동이 되어야 한다.

아동미술활동은 한정된 재료로 정해진 활동을 고집하는 것이 아니라 아동이 가지고 있는 자신만의 잠재된 능력을 계발시켜 응용력 있는 방법으로 스스로의 활동이 이루어져야 한다. 이러한 방법으로 아동미술활동을 하되 어떤 조건에 의해 바꿔야 할 경우에는 그 조건에 따라 운영될 수 있는 유연성을 바탕으로 이루어져야 한다.

- 미술활동이 이루어지는 여러 환경과 조건의 변화에 따라 융통성 있는 활동으로 구성해야 한다.

- 아동의 사고방법을 유연성 있는 활동으로 유도해야 한다.
- 미술활동은 창의적인 활동을 통한 전인발달에 목적을 두고 있기 때문에 틀에 박힌 고정관념을 가지고 활동을 하는 것이 아니라 최대한 자유로운 가운데 융통성과 유연성 있는 적극적이고 다양한 활동이 이루어질 수 있게 해야 한다.

6) 아동의 풍부한 경험과 표현이 적절하게 조화를 이루어야 한다

아동은 보다 많은 경험을 함으로써 사고는 심화되고 다양한 활동의 기틀을 마련하게 된다. 다시 말해 다양한 활동은 폭넓은 표현과 가능성을 증대시키고 사고를 확장시켜 준다. 반면 경험이 적은 아동은 위축되고 소극적이며 수동적인 태도를 자주 보이게 된다. 즉, 많은 경험을 하는 만큼 다양하고 풍부한 표현이나 창작활동을 할 수 있어 적극적인 미술활동을 이끌어 주는 기틀을 마련해 준다.

- 아동의 풍부한 경험이 다양한 미술활동의 기틀을 이루기 때문에 폭 넓은 경험으로 아동의 사고를 확장시켜 줄 수 있어야 한다.
- 경험을 바탕으로 이루어지는 사고의 확장은 효과적인 탐구의식을 일깨워 주는 요인이 되는 것을 알아야 한다.
- 직접적이고 간접적인 경험으로 다양한 표현을 이룰 수 있게 하고, 몸으로 터득할 수 있는 체험을 많이 제공해야 한다.
- 다양하고 풍부한 경험을 여러 번 반복하면서 아동의 감정과 정서도 더욱 심화되어 가는 것임을 알아야 한다.
- 다양하고 좋은 경험은 훌륭한 표현활동으로 조화를 이룬다는 것을 인식해야 한다.

이상과 같이 아동미술활동의 기본원리를 바탕으로 한 활동의 형식과 방법으로 미술활동이 이루어질 때보다 바람직하고 긍정적인 아동발달에 도움을 줄 수 있다.

3. 조형의 기본원리

1) 통일과 변화

통일과 변화는 부분과 부분, 전체 사이에 질서를 주는 형식으로서 모든 형식의 출발점이며 이러한 것을 지배하는 것이다.

통일은 형태, 질감, 색, 양, 재료 등이 미적 기술을 만나 미적 관계의 결합과 질서를 통해 조화롭게 하나로 엮어 준다. 통일은 변화와 상관관계에 있어서 극단적으로 변화에 치우칠 때에는 혼란과 무질서가 초래되며 지나치게 단조롭고 무미건조해지기 쉬우므로 적당한 변화와 통일이 있어야 재미있는 작품이 된다.

변화는 통일과 밀접한 관계를 가지고 있다. 지나친 변화는 정리감과 완성도가 떨어지므로 통일의 구속을 받게 되며 통일은 변화의 소가 없다면 재미가 없어질 것이다. 또 통일에 지나치게 치중을 하게 되면 시각적으로 움직임이 없어 보이고 단순해 보이며 아름다운 자극을 주는 반면, 변화만을 추구하면 질서가 없어서 감정과 혼란과 불쾌감을 유발시킬 수도 있다. 그러므로 작품이나 생활에서도 통일감 있는 적당한 변화는 새로운 활력을 주며 무질서 속의 변화가 아닌 통일성 속의 변화를 주는 것이 좋다.

2) 대 칭

대칭은 좌우 또는 상하로 동일한 형이 마주보게 위치한 형으로서 대응하고 있는 모든 점이 서로 같은 거리로 유지되는 질서에 의해 배치상의 안정된 통일감을 얻게 해주는 것이다. 대칭은 질서와 정리정돈이 된 느낌으로 안정적인 표현에 좋다. 또한 정적이며 전통적인 효과를 얻는 데 적합한 반면, 보수적이고 딱딱한 느낌을 주며 변화가 거의 없다.

3) 균 형

균형은 대칭과 달리 형태상의 시각적·정신적 안정감을 주는 균형을 말한다. 다시 말해 균형감이 느껴진다는 것은 자연스럽다는 것이다. 균형은 대칭과 비대칭의 두 가지 형태로 나뉜다. 선, 면, 형태, 크기, 방향, 질감, 색채 등 시각요소의 배치량과 성질 등의 결합에 의해서 표현된다. 균형은 동적 균형과 정적 균형으로 구분되며 균형이 무시되었을 때에는 시각적으로 불안감과 초조함의 감정을 느끼게 된다.

4) 규 모

규모는 사람이나 사물이 갖는 고유의 외형적 크기를 말하며, 크기는 선, 면, 입체가 상호 간에 공간적 간격을 가질 때 비교될 수 있다. 같은 사물의 형태라도 크기의 형태에 따라 느낌과 감정이 다르며 시각미술에 있어 규모는 중요한 역할을 하기도 한다. 규모는 대개의 경우 작품 속에서 등한시되지만 위대성이나 장대함, 압도감을 느끼게 한다.

5) 비 례

비례는 모든 사물의 상대적인 크기를 말하며 가장 기본이 되는 황금분할은 1 : 1.618이다. 물건의 크기나 길이는 그 물체가 가진 양의 관계를 말한다. 또한 단위형에 규칙적인 운동의 변화를 주어서 부분과 전체의 관계를 확실하게 대비시키며 보다 풍부하게 하는 수적 변화를 말한다. 또한 크기나 조화의 비를 말하며 균형과 직접적인 관계가 있다. 고대 건축가들은 건물의 시각적 비례를 중요시했는데, 가장 아름다운 비례는 '황금분할'이며 이는 시각예술에 있어서 중요한 역할을 한다.

6) 율 동

율동은 같은 형의 반복이나 유사한 형태의 동적 반복에서 찾을 수 있는데, 통일성을 전제로 동적 변화라 할 수 있다. 다시 말해 음악, 시, 무용, 영화 등 시각적 형식을 갖는 것에 청각이나 시각을 통해 나타난다. 그래서 율동은 각 요소들의 강약이나 단위의 장단이 주기성, 규칙성, 연속성을 가지고 있어 생명감과 존재감이 강하다. 구성에서 율동이 무시될 때는 부드러운 질서와 운동감을 느끼지 못하고 화면이 딱딱하고 어색한 느낌을 주게 된다.

7) 운동감

운동감은 동세라고도 하며 변화 동작 등을 말한다. 즉, 인물이나 동물의 움직임, 작가의 감동, 감정의 움직임 등을 색채와 형태를 통해서 표현하고 방향, 각도, 잔상 등의 특징을 운동감 있게 때로는 과장되게 표현한다.

8) 조 화

조화는 둘 이상의 요소나 그 요소들이 상호관계에 대한 미적 가치의 판단으로 서로 분리, 배척하지 않고 통일된 전체로서 각 요소가 높은 의미가 종합적이고 감각적으로 그 효과를 발휘할 때에 일어나는 미적 현상이다. 조화는 혼자서 이루어질 수 없으며, 둘 이상의 상호관계를 통해 전체적인 질서를 잡아 주는 데 중요한 역할을 한다.

9) 강 조

강조는 어떤 주변의 조건에 따라 특정한 부분을 강하게 하여 변화 있게 하는 요소이다. 다시 말해 힘의 강약에 단계를 주어서 각 부분을 구성하면 강조를 나타내는 것이다. 이것은 전체적 통일감을 얻기 위한 부분적 방법이기도 하겠지만 때에 따라서 아주 강한 통일감을 나타낼 수도 있다. 강조의 한 방법으로는 특정 부분만 검게 하거나 하얗게 하여 시각적으로 주목성을 높이는 방법이 있는데, 이때는 명시도가 높은 색을 사용한다. 이러한 강조는 두 개 이상 주어지면 강조의 힘이 떨어지고, 크게 하거나 필요 이상으로 확대하여도 효과가 떨어지는 제한성이 있다. 강조부분을 전체화면에서 지나치게 제한적으로 사용할 때는 단조롭고 운동감도 느끼지 못하게 되며, 형태, 색채, 명도, 채도 등도 강조가 무시되었을 때는 시각적 효과가 적어진다. 그러므로 강, 약, 명, 암, 채도, 모양 등이 적절히 조절된 변화 있는 강조의 요령이 필요하다.

10) 점 진

점진은 질서 있는 순서에 따라 변화를 보여 주는 단계를 말한다. 점진의 조형적 효과는 무엇보다도 원근의 효과라든가 평면상에 입체적 효과로 나타낼 수 있는 시각적 요소라고 할 수 있다.

11) 반 복

반복은 일정한 간격을 두고 동일한 요소나 대상 등을 두 개 이상 배열시켜 단위가 되풀이 되는 것을 말한다. 이것은 상대적으로 동적인 느낌을 줌으로써 율동감을 주는데, 음악, 무용, 시 등에서 시간적 간격으로 생긴다. 단순한 반복은 단조롭고 용이하지만 시각적 반복의 변화를 가진 연속적 리듬을 되풀이할 경우에는 변화 있는 표현이 된다. 또한 같은 형이나 색 등이 화면에 전형적으로 반복되었을 때 통일감과 안전감을 갖게 해주며, 지나칠 경우에는 흥미가 없어지고 지루하거나 싫증을 내게 한다.

12) 착 시

착시는 생리작용에 의하여 일어나는 시각적인 착각을 말한다. 다시 말해 인간의 눈이 높은 정밀도를 가졌다고 하는데, 이 눈이 사물을 잘못 보는 수가 있다. 사물이나 도형, 색채에서 일어나는 잘못을 시각의 착오 또는 착시라고 한다. 하나의 형에 있어서 그 형을 만드는 선이 다른 선의 간섭을 받는 경우에 일어나는 현상이고 이러한 착각은 여러 가지 현상에 의해 일어날 수 있다. 즉, 길이의 착각, 넓이의 착각, 색의 착각, 위치의 착각, 속도의 착각 등으로 나타난다.

Chapter **4**

아동미술교육의 내용

Chapter **4**

아동미술교육의 내용

아동미술교육의 내용은 유아미술교육 프로그램의 이론을 기초로 하며, 유아교육기관과 초등교육기관과의 연계를 강조한다. 유아를 위한 미술교육 내용은 2007 개정 유아교육 과정(교육부, 2007)에 제시된 내용을 교육과정으로 다루며, 초등교육기관은 7차 교육과 정에 근거로 아동의 미술교육과정을 구성한다. 이 책에서는 유아와 아동을 위한 아동미 술교육 내용은 박화윤(2007)이 제시한 미술표현 내용을 재구성하여 제시하고자 한다. 첫 번째로 미술표현활동, 다른 영역과의 통합미술과정, 협동미술과정으로 구분하였다.

1. 미술표현활동

미술표현이 가지는 의미는 다양하다. 호스프스가 제시한 미술표현은 창작활동의 과정을 뜻하는 창작 의 측면이 있고, 예술작품이 감상자에게 어떤 감정 을 불러일으킨다는 환기의 뜻으로 감상자의 측면이 있다. 또한 예술가의 의도가 감상자에게 전달되는 전달의 뜻으로 사용되며, 작가나 감상자와 관계없 이 내재해 있는 성질로서 예술 작품의 속성을 의미 한다. 따라서 표현이란 속성은 실재하는 사물로서

물감을 사용한 미술표현

배경 구성하기 미술활동

의 속성이 아니라 언어적 기능으로서의 속성으로 파악되어야 한다. 그리고 어떤 객관적 대상의 사물을 통해서 정보제공을 하는 데 목적이 있는 것이 아니라, 어떤 대상에 대한 예술가의 느낌을 나타내는 기능을 하고 있는 것이다(박이문, 1983).

미술의 표현이란 자신의 경험했던 것 중에서 가장 인상 깊었던 것, 관심이 있는 것, 소중한 것을 중심으로 나타내게 된다. 미술활동은 보는 활동, 생각하는 활동, 손으로 표현하는 활동들로 이루어지므로 잘 보고, 새롭게 보는 것이 미술활동의 시작이 된다. 즉, 미술활동이란 보는 것에서부터 시작되고 능력이란 알고 있다는 인식의 틀에서 제한되어 있기 때문에 '무엇을 보는가', '왜 보는가', '어떻게 보는가' 하는 일련의 과정을 필요로 한다(오연주 외, 1997). What(무엇), Why(왜), How(어떻게)의 과정이 미술교육과정이며 아동들이 직접 활동을 하는 것이다.

우리나라 개정 교육과정에 제시된 내용 중 미술표현활동의 내용은 탐색, 표현, 감상의 영역으로 구분되어 있다. 탐색활동은 형태와 미술영역에 활용되는 재료, 도구 등을 탐색하는 과정으로 아동이 스스로 내가 사용할 재료와 도구를 찾고 직접 사용을 하는 것에 목표를 두고 다양한 조형활동을 창작할 수 있는 기초를 설명하고 있다. 표현활동은 그림 그리기, 만들기와 꾸미기, 통합적으로 표현하기로 구성되어 있다. 그림 그리기는 자신의 생각을 다양한 방법으로 여러 가지 재료를 사용하여 그림을 그리는 것을 뜻한다. 만들기와 꾸미기 역시 다양한 재료를 사용하여 자유롭게 구성하고 만들어 보는 것을 말하며, 다양한 소재를 활용하여 통합적으로 표현하기는 자신의 생각과 느낌으로 예술적으로 표현하는 과정이다.

감상영역은 자신과 타인의 작품을 감상하고 이해하는 것으로 다름을 인식하며 다양성에 대한 차이를 알아가는 과정이다. 즉, 미술표현활동은 창의적인 표현과정이며 정보적인 기술을 표현하는 것이 아니라 작가의 생각과 느낌의 산물이다.

2. 다른 영역 통합의 미술활동

1) 언 어

아동은 미술활동 속에서 수많은 언어적 상호작용이 있다. 특히 자신이 전달하고자 하는 것을 저연령인 유아는 그림을 통해 자신의 의견을 보이기도 한다. 또한 교사들은 아동의 개념발달을 표상활동을 통해 아동의 발달과 수준을 이해하기도 한다. 아동은 미적 표현 언어를 사용하는데, 예를 들어, 어둡다, 밝다, 두껍다, 얇다, 작다, 크다 등의 감각언어를 사용하고 그것을 표상활동의 일부로 활용한다. 다양한 기법들이 도출되며 아동은 특히 그리기활동에서 자신의 사고를 명확하게 드러낼 수 있다. 또한 자신의 생각과 느낌을 글로 표현할 수 있는 경우 도식처럼 그림과 글을 함께 사용하여 언어영역과 미술영역을 통합한다. 최근 연구되고 있는 북아트(book-art)활동은 그림과 글이 함께 통합적으로 접목되어 예술적 감상활동과 다른 영역까지도 활용된다.

 개미를 주제로 한 북아트활동

1. 연상/표상활동	• 개미에 대해 브레인스토밍 하기 • 개미 1차 표상 • 개미와 관련된 그림 찾기
2. 의사 전달	• 내가 생각하는 개미집의 모양 • 만약 개미에게 다리가 없다면 어떤 모습일까?
3. 읽기/쓰기	• 개미 몸의 명칭 알기 • 부분 그림 그려 보기 • 개미가 좋아하는 것

2) 과 학

과학과 미술과의 통합은 아동의 과학적 탐구능력을 발달시켜 준다. 아동은 재료의 관찰, 성질 등을 이해하고, 도구의 사용방법을 익혀 자신의 생각하고 있는 아이디어들을 꺼내 표현활동을 한다. 물감을 혼합하는 과정에서 색의 변화를 알아가는 것, 찰흙으로 만든 도자기가 수분이 마르면서 굳어가는 것은 미술활동이 과학적임을 증명하는 것이며, 조각칼, 가위, 본드, 풀, 망치, 사포 등 미술도구를 사용하는 것에서부터 과학과 미술활동이 시작된다.

과학과 미술영역과의 통합의 예는 다음과 같다.

 자연을 주제로 한 과학과 미술과의 통합활동

1. 다양한 자연의 변화, 사물의 그림 색칠하기
나무의 성장과정, 곤충의 성장과정, 사물의 특징을 알고 색칠하기 등

2. 나뭇잎, 주변 사물 등을 종이에 대고 베끼기

3. 자연물을 가지고 환경 구성하기
나뭇잎, 가지, 작은 돌, 조개껍질, 솔방울, 도토리, 밤, 씨앗 등

4. 풀, 찰흙, 지점토 등을 사용하여 손으로 그림 그리기

5. 바닷속, 우주공간, 계절의 변화 등을 주제로 디오라마 구성하기

3) 수

아동들이 양과 질을 비교할 수 있는 시기는 반복적인 다양한 활동이 학습된 후 발달된
다. 아동에게 재료를 함께 쓰고 나누는 것에 아동들은 친사회적 행동을 한다.

　미술활동에서의 수활동은 수 세기, 서열화, 일대일 대응, 가감비교 등 수와 관련된 활
동을 교사는 일상적인 미술활동에 활용한다면 아동의 수학능력 발달에도 도움을 준다.

 수를 활용한 다양한 활동의 예

1. 수 세기
활동의 예 : 사람의 다리, 자전거의 바퀴, 옷의 리본 등을 그릴 때 학습

2. 서열화
성장과정을 그릴 경우 성장 순서에 따른 미술활동

3. 일대일 대응
미술재료를 나누어 사용할 때 필요한 상호작용주의의 대표적인 예

4. 가감비교
일대일 대응과 마찬가지로 재료를 필요로 할 때 사회화과정 발생

1~10 숫자카드 만들기

4) 사 회

아동들은 자신의 의견을 또래친구의 의견과 조율을 하면서 우연의 사회학습이 발생되고, 그 결과 아동은 자신의 상황적 문제를 정확히 인식할 수 있는 기회를 갖게 된다. 또한 문제에 대한 해결능력을 터득하면서 사회의 일원으로 의식을 가질 수 있다.

아동들은 공동체의 사회구조 속에 자신의 요구, 가치의 개념을 이해하게 되는 것이다. 미술활동은 그러한 사회화과정을 돕는 중요한 매개체가 된다.

 미술활동이 사회화에 미치는 영향

1. 질서의식을 증진시킨다.

2. 자신과 또래친구의 의견을 충족시키는 문제해결능력을 가진다.

3. 새로운 생각이나 느낌을 또래친구와 공유하면서 자신의 소중함을 안다.

조형활동 '물고기 만들기'

3. 미술장르에 따른 미술활동

1) 평면 미술활동

- 그림 그리기, 물감 사용하기 : 자유화, 수채화, 색의 혼합활동 등
- 찢기, 오려 붙이기 : 종이·신문지 찢어 붙이기, 종이류·천 등을 오려 붙이기
- 사물 찍기, 판화 : 채소, 자연물, 사물, 고무판화 등을 조각하고 물감에 찍어 보기
- 콜라주, 모자이크 : 콜라주는 다양한 재료를 가지고 구성하는 것이며, 모자이크는
  작은 종이 조각을 사용해서 만드는 것이다.

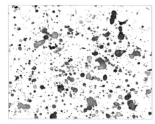 

| 물감 뿌리기 | 신문지 찢어 구성하기 | 한지 염색하기 |

평면 미술활동의 예

2) 입체 미술활동

- 찰흙, 지점토활동
- 바느질, 직조짜기활동
- 염색하기 : 한지·천 등 염색하기
- 폐품으로 만들기
- 종이 접기 : 역할놀이 머리띠, 입체종이 접기 등 만들기
- 인형 만들기 : 종이·천 조각·컵 등으로 인형 만들기
- 모빌 만들기 : 자연물·폐품·지점토 등으로 모빌 만들기
- 디오라마 만들기 : 상자를 이용하여 구성하기

돌로 구성해 보기

우유팩으로 동물 만들기

도자기 만들기

다양한 재료로 동물 꾸미기

입체 미술활동의 예

4. 협동 미술활동

혼자 하는 활동은 큰 갈등 없이 개인의 성취감을 찾을 수 있지만, 둘이 함께 미술작업을 하는 경우는 긴밀한 상호작용과 놀이 속의 문제 상황이 많이 발생하고, 협동 미술활동을 할 경우에는 더 많은 문제들이 발생을 하며 해결하는 과정에서도 각자의 의견을 절충할 때도 충돌을 빚게 된다. 협동은 사회화의 필수적인 요소 중에 하나이며, 타인을 인식할 수 있는 사회적 과정이다. 협동 미술활동에서 팀이 구성되면 각자의 역할을 분담하게 된다. 그 속에서 아동은 사회화되고 자신의 존재를 알게 된다. 협동이라는 것은 자신뿐만 아니라 주변 세계와 자신의 세계를 통합할 수 있게 되는 것을 의미한다. 통합은 보이는 것뿐만 아니라 그 내면의 세계를 이해하는 것으로 아동의 발달에 있어 중요한 활동이다.

협동활동의 유형을 김영옥·오숙현(2001)은 다음과 같이 제시하였다.

1) 개인작품 합하여 완성하기

작업과정 및 개인 결과물을 합쳐 본다. 이것은 교사에 의해 지식적으로 활동하거나 아동 스스로 합의에 의해 비지시적으로 할 수 있다.

2) 제시된 구조물의 내용 완성하기

아동의 호기심을 갖게 하고 사전지식을 얻을 수 있도록 이야기 나누기 시간을 가진다. 관련 구조물을 제시하여 그 구조물 안에 각자 꾸민 것을 붙여서 완성하게 한다.

3) 결과물을 정하고 분담하여 작업하기

이야기 나누기를 하거나 관심을 갖게 된 주제에 대하여 작업하고 싶은 결과물을 정하고 서로 의논하여 작업을 분담한다.

4) 주어진 공간에 의논하여 꾸미기

평면이나 입체의 일정한 공간을 제시해 주면 아동은 만들어 보고 싶은 부분, 사용된 재료와 도구, 역할 분담 등을 의논한 후 꾸며본다.

5) 주제와 공간을 선택하고 의논하여 꾸미기

아동이 작업의 주제와 내용, 작업을 전개할 재료나 장소와 같은 공간을 스스로 선택하고 의논하며 아동 주도적으로 만든다.

협동 미술활동

1. 또래집단의 사회문화 형성
2. 사회적 기술 습득
3. 사회의 일원임을 인식

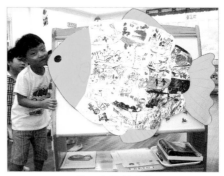

물고기 구성하기

작품 〈공룡발자국은 어떻게 생겼을까?〉

작품 〈바닷속 여행〉

아동미술교육의
방법 및 환경구성

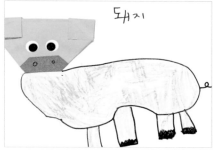

아동미술교육의 방법 및 환경구성

아동미술활동은 아동의 발달과 연령, 개인차를 고려하고 아동이 가지고 있는 흥미와 관심을 주의 깊게 살펴서 아동이 좀더 적극성을 가지고 활동에 참여할 수 있도록 지도해야 한다. 그리하면 아동은 지속적이고 의미 있는 다양한 활동 경험을 통해서 아동이 가지고 있는 잠재적인 능력을 더욱 발휘할 수 있다.

1. 교수-학습방법

아동의 창의적인 표현활동을 위해서 아동의 자율적인 노력과 균형에 맞게 아동이 주도할 수 있는 효과적인 계획을 세워야 한다. 또한 어떤 교수방법을 선택할 것인가를 고려하여 장기간에 걸친 교육계획과 매 시간 대략적인 수업계획을 융통성 있게 세울 수 있다.

1) 활동 유형

아동미술활동 중 어떤 활동으로 진행할 것인가를 계획한다. 예를 들면, 만들기활동을 할 것인지, 점토활동을 할 것인지, 그리기활동을 할 것인지를 선정하고, 거기에 맞는 도구와 재료, 즉 재활용품이나 여러 가지 재료를 이용하여 만들기, 입체적인 활동, 평면활동 등으로 전개할 수 있다.

색종이 접어 꾸미기(만 4세)

스크래치(만 4세)

색종이 접어 꾸미기(만 5세)

잡지 오려 붙이기(만 5세)

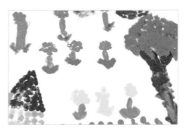
손으로 그리기(만 5세)

평면활동의 예

카네이션 액자 만들기

자연물로 꾸미기

폐품으로 구성하기

찰흙으로 구성하기

입체활동의 예

2) 시 간

아동미술활동 시간은 자유선택활동 시간에 할 것인지, 수업 중에 실시할 것인지, 아동의 활동 시간을 고려하고 개별활동인지, 소그룹·대그룹활동인지를 계획하여 시간 계획과 함께 조화를 이루어야 한다.

- 자유선택활동 시간 : 이 시간에는 개별활동이나 소그룹의 아동이 주제, 재료, 기법, 구성 등을 결정하여 활동하게 된다. 이때 교사는 아동이 자신의 생각을 자유롭게 표출할 수 있게 안내자 역할을 해야 한다.
- 수업 중 활동 시간 : 이 시간에는 대부분 대집단으로 실행되고 있는데, 아동이 주제, 재료, 기법, 구성 중 한 가지나 혹은 그 이상을 제한하여 이루어지는 활동이다.

그러나 아동미술활동의 창의적인 표현과 교육적 가치를 실현하기 위해서는 전체적으로 아동이 주제, 재료, 기법, 구성 등을 모두 선택하여 활동하게 해주어야 한다.

3) 내 용

아동미술활동의 내용은 먼저 무엇을 만들것인지에 대한 주제를 결정하는 데 있어 아동이 할 것인지, 교사가 할 것인지를 결정한 다음 선정된 주제에 맞게 재료와 도구를 선정하고, 어떠한 기법으로 구성할 것인지를 결정해야 한다.

아동이 주체가 되어 활동방법과 주제, 재료, 기법, 구성 등을 결정하는 데 있어 아동이 모두 선택하여 활동하는 방법은 교사가 아동의 조력자 및 환경구성자의 역할을 해주어야 하고, 교사와 아동이 이야기를 나누어 선택하는 방법은 활동방법, 주제, 재료, 기법, 구성 중에 한 가지 혹은 한 가지 이상을 교사가 정해 주고, 나머지를 아동의 자유의지대로 활동하는 것이다. 예를 들면, 교사가 아동들이 제작할 활동의 주제를 미리 정해 주고 그 외의 재료, 기법, 구성 등은 아동이 선택하도록 하는 방법이든지, 아니면 구성과 기법 등을 교사가 정해 주고 그 외의 주제와 재료는 아동이 선택하는 방법 등을 말한다.

이와 같은 방법은 아동교육 현장에서 가장 많이 사용되는 교수방법으로, 아동에게 상당한 자유의지와 융통성이 발휘되는 방법이고 이를 뒷받침해 주기 위해서 교사는 체계적이 계획이 필요하다.

아동이 미술활동을 시작하면 교사는 개개인의 아동이 무엇을 어떻게 활동을 하는지

표 5-1 미술내용의 체계

구 분		5세	6세
심상 관찰 표현 계열		본 것이나 느낀 것, 생각한 것 등의 생활 경험을 즐거운 마음으로 의욕을 가지고 표현하게 한다.	본 것이나 느낀 것, 생각한 것 등의 생활 경험을 꾸밈 없이 다각적으로 표현할 수 있게 한다.
회 화	상 상	• 경험한 것, 상상 및 공상, 들은 이야기 그리기 • 의욕을 가지고 마음대로 자유롭게 그리기	재미있는 장면을 꾸밈 없이 다각적으로 그리기
	관찰화	• 생활 주변에서 흥미 있는 것을 택하여 그리기 • 자기 나름의 표현방법으로 그리기	• 생활 주변에서 변화 있는 것을 택하여 그리기 • 제재를 확실히 하며, 표현 방법을 생각하면서 그리기
	판 화	• 여러 가지 물건의 표면을 누르거나 문질러서 나타내기 • 다루기 쉬운 것으로 간단한 판을 만들어 판화로 나타내기	다루기 쉬운 것으로 간단한 판을 영구적으로 만들어 판화로 나타내기
조 소	조 각 소 조	• 보거나 생각한 것 중 좋아하는 것 만들기 • 크기와 형을 생각하여 주무르거나 굴리거나 눌러서 만들기	• 보거나 생각한 것 중 재미있는 것 만들기 • 크기와 형을 미리 생각하여 주무르거나 굴리거나 눌러서 만들기
적응 기능 표현 계열		주위환경의 색과 형에 관심을 가지게 하고, 아름답게 꾸미고 만드는 일에 흥미를 가지게 한다.	주위환경의 색과 형의 다름에 대하여 관심을 가지게 하고, 아름답고 쓸모 있는 것을 꾸미거나 만들 수 있게 한다.
디자인	상 상	• 10색 정도의 색 이름을 알고 좋아하는 색으로 자유롭게 배열하기 • 마음대로 색과 형을 배열하거나 간단한 방법으로 입체구성하기	• 색의 다른 것과 유사한 것을 알고 변화 있게 배열하기 • 동그라미, 세모, 네모 등의 간단한 형 및 좋아하는 색에 의한 평면 구성과 좋아하는 형의 입체구성하기
	관찰화	• 몸치장에 쓰이는 장식물을 만들기 • 자유롭게 만들기	• 몸과 생활 주변을 장식하는 데 필요한 것 만들기 • 보기 좋게 만들기
	판 화	• 자기와 자리를 알리는 표지물을 만들기 • 자타의 구별이 되게 그리거나 만들기	• 교실이나 행사와 관련시켜 알리는 표지물을 그리거나 만들기 • 알리는 것을 알 수 있게 그리거나 만들기

출처 : 이인태, 1999

관찰하면서 아동이 자신의 생각과 느낌을 자유롭게 표현하여 미술활동을 활발히 이루어 질 수 있도록 옆에서 살펴보아야 한다. 다시 말해 아동이 활동하는 데 있어 어려운 점이 없는지 관심을 가지고 살피며, 흥미로워하는 것이 무엇이며 어떠한 것을 요구하고 있는 지를 관찰하고 새로운 도구나 재료의 사용법과 쓰임새에 대한 설명과 주의점 등도 알려 주어야 한다. 또한 활동 중에 발생하는 문제점이나 어려운 점들에 대한 답을 가르쳐 주 는 것보다는 아동 스스로 어려운 점을 헤쳐나가고 답을 찾을 수 있게 적절한 피드백을 주어야 한다. 그리고 아동의 자유로운 느낌을 표현할 수 있게 보다 능률적인 작업을 격 려해 주며 성취감을 느낄 수 있도록 도와주는 조력자의 역할을 해주는 것이 교사가 할 일이다.

아동이 주어진 시간 안에 작품을 완성하지 못했다면 다음 시간에 이어서 할 수 있게 이름, 날짜, 제목 등을 적어서 적절한 곳에 보관해 두어야 한다. 그럼으로써 아동은 시간 안에 결과물을 만들어 내야 한다는 생각에서 벗어나 좀 더 활발하고 적극적인 미술활동 을 할 수 있게 된다.

4) 미술교육 접근법

아동을 위한 미술교육의 접근법 또는 교수방법은 다양하다. 이 책에서는 이정욱(1995), 류지후 외(2001)가 제시한 다음 세 가지로 분류한 접근법을 재구성하여 요약하였다.

(1) 교사 중심 접근법

교사 중심 접근법은 전체의 미술교육활동이 구조적이며, 교사 중심으로 진행된다. 교사 는 무엇을 만들 것인지, 어떻게 만들 것인지에 대한 생각을 가지고 아동들에게 구체적으 로 지시한다. 아동들의 수행 정도는 탁월하나 자기책임감을 발달시킬 수 있는 기회가 제 한되어 있으며 비판적 사고 증진에 효과적이지 못하다. 하지만 주어진 시간에 효과적으 로 미술교육활동을 진행할 수 있다. 직접적인 교수방법인 교사 중심 접근은 모든 아동이 참여할 수 있으며 성취감을 가질 수 있도록 돕는 접근법이다.

(2) 아동 중심 접근법

비구조적이며 완전하게 아동들에게 선택의 기회를 주고 창안하게 한다. 보다 독립심을 기를 수 있으며 다양한 아이디어로 아동의 미술활동에 흥미를 주고, 또래집단과의 친숙도가 높아질 수 있다. 하지만 많은 시간과 교사의 인내심이 요구된다. 아동 중심 접근법은 아동의 자신감을 증진시켜 아동이 미술활동에 두려움을 줄이고 안정감이 제공될 수 있다.

아동들은 또래집단활동에서 학습이 증진되며 발달된다. 미술활동 역시 주변의 환경에 학습되고 개인차를 줄일 수 있으며, 개인의 인지발달과정을 자극받고 동기부여가 되며, 비판적 사고를 촉진시킨다.

(3) 교사 안내적 접근법

아동 자신의 의견을 중요시하면서 교사가 적절하게 방향을 제시해 준다. 교사의 탐색법이라고도 할 수 있다. 아동이 미술활동에 두려움을 갖고 있을 때 교사가 적절한 상호작용을 유도하여 아동이 정서적으로 안정을 찾고 자신이 표현하고자 하는 것을 도울 수 있다.

미술활동의 도입에서는 활동에 대한 충분한 이야기 나누기, 관련 사진, 영상, 동화, 음악, 실물 등을 제시하여 아동의 경험에 새로운 도식을 만들수 있도록 하는 것이 중요하다 이러한 과정은 교사가 주어진 활동의 주제, 흥미 등을 아동이 보다 적극적으로 참여할 수 있는 데 영향을 미친다.

2. 재료 및 환경구성

아동이 미술활동을 하는 과정에서 창의적인 표현은 아동들 내부에서 오는 감정을 표출하고 잠재적 가능성을 구체화할 수 있는 기회의 발상이며, 창의적인 과정은 모든 발달영역을 통합할 수 있는 기회를 주는 아동의 진지한 작업의 하나이다. 다시 말해 물리적인 환경과 인적 환경이 바람직하게 조성이 되어서 그리기, 만들기, 꾸미기, 조소 등의 영역이 적절하게 이루어질 수 있도록 제공해 주어야 한다.

아동미술을 실시하기 위해서는 모든 물리적 환경과 인적 환경이 제공되어 있어야 하며, 이런 환경들은 서로의 적합성, 안정성, 경제성, 다양성이 고려되어야 한다.

- 적합성 : 미술활동 영역의 시설, 설비, 도구, 재료 등은 아동의 발달에 적합해야 한다.
- 안정성 : 미술활동 영역에 준비될 모든 재료, 도구 등은 아동들이 사용하기에 위험성이 없어야 한다.
- 경제성 : 아동이 미술활동을 하는 데 있어 재료들은 경제적으로 저렴하고 부담없이 손쉽게 구할 수 있어야 한다.
- 다양성 : 미술활동에서 사용할 수 있는 재료는 2차원적 재료와 3차원적 재료 모두 다양하게 제시해 주어야 한다.

1) 물리적 환경

아동미술의 물리적 환경에는 기본 시설, 설비, 재료, 도구, 시청각 자료가 준비되어 있어야 한다.

(1) 기본시설 및 설비

아동들이 자율적이고 능동적으로 맘껏 뛰어놀며 학습할 수 있는 공간을 마련해 주기 위해서 교사들은 교실의 환경이나 운동장 등의 여러 공간들을 이용해 활동을 도울 수 있도록 배치해 주어야 한다. 다시 말해 미술활동 공간에서만 활동이 이루어지는 것이 아니라 미술활동 시간에 따라 책상 배열을 달리 할 수 있어야 하고 벽면이나 창틀을 활용해서 그 시간에 만든 작품을 전시해서 감상할 수 있도록 해주어야 한다. 또한 야외 공간

미술영역의 기본구성

(운동장, 공원, 박물관, 미술관 등)을 이용하여 미술의 감각기능을 넓혀주고 감상의 폭을 확장할 수 있도록 다양하게 도와주는 것이 바람직하다.

앞으로 아동들의 교실에는 현재 많은 교실처럼 미술영역을 종합적으로 배치하는 것보다는 아동들이 미술활동을 능동적이고 자율적으로 할 수 있게 각각의 미술영역별(꾸미

기, 그리기, 공예, 감상 등) 코너를 교실의 공간, 연령, 아동의 수, 환경에 맞게 만들어 배치해 주는 것도 필요하다. 이렇게 각각의 미술영역을 코너별로 효과적으로 운영하기 위해서는 새로운 아이디어와 연구를 동원해야 한다.

코리스와 웨이스(Corlis & Weiss)의 연구에서는 아동들의 호기심을 극대화하려면 완전 개방적인 공간보다는 중간 정도의 열린 공간에서 활동이 이루어져야 하고, 많은 자료보다는 주의 깊게 생각하는 자료를 제공해 주고, 새로운 학습목표를 위해 필요한 자료를 가지고 최대한의 피드백이 교사와 아동 간에 이루어져야 한다고 하였다.

미술활동을 위해 필요한 시설은 작업을 하기 위해 기본적으로 책상, 의자가 필요하며, 여러 미술재료를 보관할 수도 있는 재료 보관함이 필요한데, 이 재료 보관함은 아동의 눈높이에 맞게 설비하고, 이젤, 화판, 작품을 건조할 수 있는 건조대, 완성된 작품을 전시하고 감상할 수 있는 감상 공간, 수도시설, 청소용품들과 교실은 밝고 혼잡하지 않게 갖추어져 있어야 한다.

슈마허(Schirrmacher, 1988)는 미술활동을 하기 위해서 갖추어야 할 요소를 다음과 같이 제시하였다.

- 미술작업을 할 수 있는 작업장이 필요하다. 아동의 미술활동은 교사들의 일방적인 지시나 활동계획으로 이루어지는 것이 아니라 최대한의 자유를 보장한 미술활동을 다양한 매체, 재료를 탐구, 표현하고 활용해서 2차원, 3차원 활동들이 통합적으로 이루어질 수 있는 환경을 제공해 주어야 한다.
- 미술영역을 이용하기 쉽고, 편리한 곳에 위치해 있어야 아동들의 자유로운 표현을 도와줄 수 있다.
- 기본적인 미술매체, 미술도구, 기본설비, 미술활동을 돕는 여러 자료들이 잘 갖추어져 있어야 한다.
- 미술활동에서 아동들의 표현의 효율성을 높이기 위해서는 최대한으로 순서적이고 조직적으로 이루어질 수 있게 교사는 도와야 한다.
- 미술활동 영역에서는 최대한의 자유를 위해 기본적인 규칙을 제한시켜야 한다.

이러한 최대한의 제한된 기본적인 규칙을 알아보면 다음과 같다.

- 미술영역에서는 활동을 한번에 할 수 있는 인원으로 제한한다.
- 미술활동을 하기 전에 앞치마와 토시 등을 착용한다.

다양한 미술도구와 재료 정리 및 보관

- 미술활동에 사용되는 도구를 적절히 사용한다.
- 미술작품에 사용되는 재료는 필요한 만큼만 사용한다.
- 한번 시작한 미술작업은 꼭 완성한다.
- 아동 간에 재료와 도구는 서로서로 나누어 사용한다.
- 자신의 작품과 타인의 작품을 소중히 여기고 생각을 서로서로 존중해 주어야 한다.
- 미술활동이 끝난 후에는 재료와 도구를 제자리에 정리를 하고 다른 아동들이 사용할 수 있게 마무리를 깨끗이 한다.

(2) 미술재료

아동들의 현재 미술환경은 아동들의 발달과 개인차는 고려하지 않고 제한된 재료를 가지고 교사의 주도 아래 주도적이고 획일적이게 이루어지고 있으며, 사용되는 재료 또한 동일하게 사용되고 있다. 그리기 준비를 위해서는 8절 네모난 흰색 화지에 크레파스, 수채물감이 전부이고, 찰흙을 이용한 활동은 찰흙으로 사물 등을 만드는 것이 전부이다. 그래서 아동들의 창의적인 미술활동을 돕기 위해 그리기활동에 제공해 주는 화지의 크기, 색깔, 모양 등을 달리해 주고 크레파스, 물감, 사인펜, 파스텔 등과 같이 다양한 재료를 제공하면, 아동은 개개인의 요구에 적합한 매체를 자유롭게 선택하여 표현하게 되어 획일적인 그리기보다 그리고 꾸미고 찢기활동 등을 다양하게 표현해 가면서 자연스러운 창조적 동기를 배양할 수 있다.

미술활동에 필요한 다양한 미술재료의 개념을 살펴보면 다음과 같다.

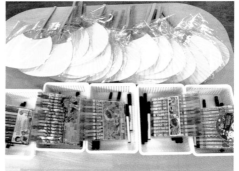

다양한 미술재료의 준비

- 미술에 필요한 재료는 정해져 있는 것이 아니라 의도에 따라 달라진다.

  미술활동을 하는 데 있어서 재료는 어떤 활동을 어떤 목적을 가지고 계획하느냐에 따라 필요한 재료들이 달라진다. 예를 들어, 찰흙공예를 했을 때 어느 곳에 장식을 할 것인지(벽걸이인지, 장식품인지), 선물을 할 것인지 등에 따라 주된 재료를 제외한 나머지 재료들이 다르다.

- 미술활동에 필요한 재료를 얻기 위해서는 몇 가지 조건이 따른다.

  미술활동을 하는 데 있어서 재료는 가급적이면 구하기 쉬운 것이 좋지만 필요에 따라 계획적으로 수집(요구르트병, 우유팩 등)을 하여야 한다. 또한 아동의 발달에 맞게 재료를 준비, 선택하여야 한다. 아동은 아동이 취급할 수 있는 물건들이 있고 그렇지 않은 것들이 있기 때문에 그에 상응하는 활동재료를 선택해야 한다. 즉, 아동의 생활경험과 심신의 발단단계를 고려해서 계획하고 활동을 진행해 나가야 한다. 그리고 칼이나 가위, 깡통, 유리 등의 재료는 다칠 수 있는 것들이기 때문에 교사와 함께 작업을 해서 위험이 없도록 주의와 관심을 가져야 한다.

- 미술재료에 이용되는 다수의 재료는 본래의 기능이 있다.

  미술재료에 사용되는 폐품들은 원래 가지고 있는 기능들을 다해 작품으로 재탄생할 수 있게 한다. 예를 들어, 정보를 전달해 주는 기능을 하는 날짜가 지난 신문지를 가지고 미술활동에 쓰일 때는 종이죽을 만들어 탈, 연필꽂이 등을 만들고, 씻어 둔 우유팩으로는 기차, 아파트, 의자 등을 만든다. 이처럼 본래의 용도 이외에 여러 미술재료로서 광범위하게 쓰일 수 있다.

- 미술작품은 아름다움이 있다.

여러 재료를 이용해 미술작품을 만든 것은 아름다움뿐만 아니라 시각, 촉각, 후각 등 여러 가지의 호감을 줄 수 있다.

- 미술재료의 기초지식이 필요하다.

  미술에 활용되는 재료들은 무수하게 많다. 그런데 각각에 가지고 있는 재료들은 그 기능과 재질, 형태, 쓰이는 도구 등이 다르기 때문에 재료에 대한 충분한 사전 기초 지식이 필요하다.

미술재료들은 기본적으로 갖추어야 할 재료와 주변에서 수집할 수 있는 자연물이나 인공물, 무료로 싸게 구입할 수 있는 것들과 폐품을 활용한 것들이 있다.

미술활동에 필요한 재료들을 아동들에게 제공해 줄 때에는 종류별로 이름을 써서 분류별로 정리를 해야 하며 사용하기 편리하게 청결하고 위험성이 없어야 한다.

아동에게 미술재료를 제공해 줄 때 주의해야 할 사항을 보면 다음과 같다.

- 미술재료를 사용하는 아동들의 경험을 확장시켜 줘야 한다.

  아동의 발달에 맞게 창의적인 표현을 길러 줄 수 있도록 적합한 재료를 제시해 주어 경험을 확장시켜 주어야 한다.

- 미술재료는 충분해야 한다.

  미술활동을 하는 데 재료가 부족하면 아동의 창의적인 표현을 제한시키고 미술에 대한 흥미를 잃게 할 수 있다.

- 미술재료는 구하기 쉽고 사용하기 쉬워야 한다.

  아동의 발달에 맞지 않는 어려운 재료는 교사에게 의지하여 이루어지기 때문에 오히려 좋지 않을 수가 있다. 그래서 아동이 쉽게 사용하고 자유롭게 이용할 수 있는 값싼 재료나 폐품을 활용하는 것이 좋다.

- 연령에 맞는 재료를 선택하여야 한다.

  아동들은 연령에 적합한 활동을 적합한 재료로 스스로 할 수 있게 해주는 것이 사고의 확장과 경험을 넓힐 수 있다. 다시 말해 연령에 적합한 경험을 제공받았을 때 아동은 스스로 문제점을 해결하면서 미술작업을 끝낼 수 있다.

- 미술재료는 질이 좋아야 한다.

  교사는 사인펜보다 크레파스를 많이 사용하게 한다. 그러나 아동은 밝은 색채를 좋아하여 수성 사인펜을 즐겨 사용한다. 그러나 수성 사인펜을 쓰고 바로 뚜껑을 닫지 않으면 쉽게 닳는다. 그렇기 때문에 교사는 그것을 쓰지 못하게 하는 것보다는 그것을 잘 다루는 방법을 알려 주고 실천할 수 있게 지도해야 한다.

교사와 아동 간의 협동 미술활동

2) 인적 환경

교사는 교육현장에서 환경을 구성하고 계획하며, 교수-학습상황을 이끌어 가는 매우 중요한 역할을 담당하고 있다. 다시 말해 수업을 진행하기 위해 준비하고 문제를 결정하는데, 이러한 것들은 아동이 접하는 교육환경과 발달에 따라 달라지기 때문에 교사는 교육에 결정적으로 매우 중요한 인적 환경이다. 이러한 교사가 갖추어야 할 자질과 자세를 살펴보고 교과의 역할에 대해서 알아보겠다.

(1) 교사의 자질

- 교사는 몸과 마음이 건강하고 건전해야 한다.
- 교사는 교사라는 사명감으로 전문적인 이론과 실기를 두루 겸비해야 한다.
- 교사는 삶에 대한 긍정적인 태도를 갖고 있어야 한다.
- 교사는 원만하고 투철한 교직관을 가지고 있어야 한다.
- 교사는 사랑하는 마음과 올바른 도덕성, 가치관을 갖고 있어야 한다.

(2) 교사의 자세

- 교사는 언어, 복장, 태도 등에서 모범을 보이는 자세가 필요하다.
- 교사는 친절한 마음으로 아동을 수용할 수 있는 자세가 필요하다.
- 교사는 적극적인 사고를 가지고 행동하는 자세가 필요하다.
- 교사는 끊임없이 연구하며 최선을 다해 아동을 가르치는 자세가 필요하다.

(3) 교사의 역할

미술활동에서 교사의 역할은 미술활동 프로그램의 계획자, 실시자, 평가자로서 중요한 역할을 한다. 슈마허(1988)는 미술활동에서 교사의 역할을 다음과 같이 네 가지로 제시하였다.

미술활동을 마친 후 개인작품 소개하기

① 시범자로서의 교사

교사가 아동에게 새로운 활동을 제시할 때 소그룹에서 활동 시범을 보여 준다.

② 공동참여자로서의 교사

아동들이 재료의 사용을 잘 모를 때나 자신의 작품활동을 하는 데 있어 칭찬받고 싶을 때 교사가 참여하는 것을 좋아한다.

③ 창조적인 개인으로서의 교사

교사는 아동 중심의 미술활동을 통해 아동의 독특하고 개성 있는 표현을 인정해 주고, 아동의 창의적인 사고와 다른 방법으로 활동을 진행하는 것을 격려해 주어야 한다.

④ 예술전문가로서의 교사

교사 자신이 예술, 예술가, 예술적 요소, 발달에 적합한 예술활동에 대한 식견과 관심을 가져야 한다.

또한 이기숙(1993)은 아동미술활동에 있어서 교사는 아동에게 미술활동을 결정하게 하고 행동을 지원해 주며, 각각의 관심과 칭찬, 격려, 비판 등을 해주어 창조적인 미술활동을 도와야 한다고 하였다. 그리고 계획된 작업에 배당할 시간을 스스로 결정하게 해서 책임감을 높이고 아동의 자유롭고 다양한 활동을 위해 적절한 공간, 시간, 자료를 제공해주어 아동발달 수준에 맞게 창조적인 표현을 자극하는 풍부한 경험을 제공해 주어야 한다고 하였다. 이정환(1995)은 아동미술지도를 위한 교사의 바람직한 태도로 반응 및 강화, 관찰하기, 경험 확장시키기를 제시하였다.

이와 같이 많은 학자들이 말하는 교사의 역할들을 종합하여 살펴보면 다음과 같다.

① 환경 조성자로서의 교사

교사는 미술활동을 하기 위해 미술에 필요한 다양한 재료와 도구를 준비하고 개방적이고 허용적인 활동으로 이끌어 갈 수 있는 환경을 조성해 나가야 한다.

② 관찰자로서의 교사

교사는 아동의 이전 학습의 경험과 현재 미술발달 수준을 관찰하여 이에 맞는 미술활동을 진행시켜 나가야 한다.

③ 동기 유발자로서의 교사

교사는 아동에게 필요한 인적 자원이나 물적 자원을 이용하여 창의적인 표현을 할 수 있게 적절한 동기를 불러일으켜 주어야 한다.

④ 문제 해결자로서의 교사

교사는 미술활동에서 일어나는 문제를 다양한 방법으로 적절하게 적용하여 해결을 도와주어야 한다.

⑤ 창조적 표현의 장려자

교사는 아동의 독특한 개성을 인정하여 창의적인 표현을 할 수 있게 격려해 주고 지지해 주는 긍정적인 강화를 장려해 주어야 한다.

⑥ 미학적인 모델로서의 교사

교사 자신이 예술적인 관심을 가지고 아동에게 다양한 장르의 예술적 자극을 제공해 주어야 한다.

⑦ 평가자로서의 교사

교사는 아동이 미술활동을 통해 느낄 수 있는 자신감과 성취감, 만족감으로 전인적인 발달을 도와주며, 아동이 미술활동 결과와 과정을 중요시 여기면서 자신과 타인을 존중하고 여러 작품들을 감상할 수 있는 안목을 높여 주는 평가자가 되어야 한다.

따라서 교사는 아동의 삶에 결정적인 영향을 미칠 수 있기 때문에 항상 상황에 따라 계획하고, 준비하고, 안내하고, 참여하고, 격려하는 역할을 해야 할 것이다.

Chapter **6**

아동미술교사의 역할

아동미술교사의 역할

아동미술교사는 미술에 대한 이해도 중요하지만 미술을 하기 위해선 교사의 자세가 매우 중요하다 할 수 있겠다. 즉, 아동을 좀 더 이해하고 관찰하기 위해서 미술활동을 어떠한 방법을 통해 어떠한 효과를 기대하여야 하며, 그 중요성이 어디에 있는가를 항상 염두에 두는 태도가 중요하다. 또한 아동의 활동을 기대하기 위해서는 여러 가지 방향으로 연구해 보고 생각해 보는 교사의 노력이 필요하다.

미술활동 소개하기

아동의 활동을 도와주는 데 필요한 교사 자신의 지도능력이나 자기발전 정도를 스스로 평가하여 자신을 알고 반성하면서 지속적으로 정진해 나가는 자기성찰의 기회를 갖는 것은 보다 깊이 있고 폭넓은 교사의 요건을 갖추어 가는 길이 된다고 할 것이다. 또한 교사는 어느 정도의 전문적인 지식과 아동을 아끼는 마음이 필요하고 아동에게 있어서 미술지도는 연령에 맞는 미술활동부터 접하게 하여 표현에 대한 적절한 자극을 받도록 하고, 자신의 의사에 따라 표현될 수 있도록 도와주는 것이 우선되어야 할 것이다. 또한 그림을 그리는 활동은 전적으로 아동이 해야 하는 작업과정이나 아동이 유연한 창의성을 표현하여 그림을 완성하기까지 교사의 역할은 매우 중요하다 할 수 있다.

아동미술교사가 기본적으로 갖추어야 할 조건을 제시해 보면 다음과 같다.

- 친절한 마음과 아동에 대한 애정과 존중하는 마음을 가져야 한다.
- 지도하는 사람의 권위나 생각을 고집하기보다 아동 자신의 느낌과 표현을 할 수 있도록 해야 한다. 그러나 방임의 자세가 되어서는 안 된다.
- 선입견을 가지지 않는다. 교사는 선입견과 편견을 가지지 않기 위해서 타인에 대해 개방적이고 자신의 가치관을 초월하여 타인의 생각과 행동을 수용할 수 있는 능력을 키워야 한다.
- 많은 말은 삼가도록 한다. 너무 많은 질문과 개입 및 해석을 하지 않도록 한다.
- 칭찬과 격려를 아끼지 않고 적절할 때 정확하게 할 수 있어야 한다. 과소평가와 과대평가는 오히려 위험하다는 것을 인지하고 있어야 한다.
- 미술 실기의 기초적 훈련이 이루어져야 한다. 매체의 사용법, 기법, 적용목적 등을 알아야 한다. 이와 관련하여 미술활동을 여러 분야에서 연습하여 자신의 기법과 구상을 자유롭게 적용할 수 있어야 한다.
- 미술활동에 관한 이론과 기본적인 기술의 습득이 이루어져야 하며 가치와 판단, 미학적인 견식 및 미술사의 지식과 미술활동에 대한 이해와 해석능력, 예를 들어 색과 형태에 대한 상징적 의미, 미술매체의 이해와 활용능력이 있어야 한다.
- 국내·외의 미술활동에 대한 동향과 관심을 항상 가져야 한다.
- 아동의 흥미를 지속적으로 유발시킬 수 있는 자료나 기술을 갖추어야 한다. 그것은 교사의 능력에 따라서 나타나는 아동의 반응이 무척 다른 양상을 보여 주기 때문이다.
- 아동과 더불어 활동을 즐기고 그들을 도와주는 조력자로서 사랑과 봉사, 헌신하는 자세를 가져야 한다. 교사와 아동들의 마음이 서로 교감할 때 좀더 활기차고 능동적이며 적극적인 활동이 이루어진다.
- 미술활동은 그 어느 영역보다도 융통성이 있어야 한다는 것을 인식하고 상황에 적절하게 대응하는 자세가 요구된다. 미술활동 자체가 다른 어떤 교육활동과는 달리 자율성과 유연성을 필요로 하는 것이며, 이러한 것이 바탕이 될 때보다 창조성을 유도해 주는 것이기 때문이다.

이상의 여러 가지 요건 외에도 교사는 하나하나의 행동들이 아동들에게 절대적으로 영향을 미치며 그들의 성장 발달에 직접 또는 간접적으로 관련을 맺는다는 사실을 알아야 한다. 따뜻한 마음씨와 친절한 태도, 그리고 적극성 있는 조력자의 자세를 가질 때 아동들은 보다 긍정적이고 활발한 자기표현을 이루어 갈 수 있는 것이다. 미술교사는 이러한 점을 인지하여 미술수업을 할 때 참고하여야 하며, 미술활동이 아동에게 주는 이점을 인지하여 아동에게 도움을 줄 수 있어야 한다.

교사는 미술활동 시 규칙과 제한을 적절히 사용해야 하는데, 쉬르마처(Schirrmacher, 1988)는 미술활동 시 고려할 점을 다음과 같이 제시하였다.

- 무의미한 세부규칙을 많이 정하기보다 중요한 일반적인 규칙을 몇 가지 정하는 것이 좋다.
- 미술영역에 동시에 들어갈 수 있는 아동의 수를 제한한다.
- 아동에게 작업복을 입어야 하는 필요성을 인식시킨다.
- 미술작업활동이 끝나면 붓을 썻고, 미술재료를 제자리에 정리하는 등 도구의 사용과 관리방법을 지도한다.
- 미술재료를 아끼며 적절하게 필요한 만큼만 사용하는 것을 지도한다.
- 협동하는 것과 함께 재료를 나누어 사용하도록 한다.
- 지시하여 '정리할 시간입니다' 라고 하는 것보다 미술작업활동이 끝난 후 자연스럽게 정리하도록 시범을 보이며 지도한다.

교사가 아동의 그림이외 미술활동에서 활동의 과정과 결과물을 이해하여 아동들의 미술표상능력의 발달을 돕는다면, 이는 교사가 아동의 전반적인 내적 · 외적 환경을 이해하고 있다는 것과 같다. 아동의 미술활동은 광범위하며 그 결과 또한 다양하다. 교사는 아동의 다양성을 반드시 이해하여 미술활동의 계획과 진행에 아동들이 수렴할 수 있도록 적극적인 태도가 필요하다. 아동미술은 아동이 자유로운 환경 안에서 자신의 생각을 제재 없이 자유롭게 표현할 수 있는 과정이라 할 수 있다. 그러므로 아동들이 미술의 대상 또는 관련된 일련의 사고과정을 마음껏 탐색하도록 적극적인 교사의 배려가 필요하다. 이번 장에서는 아동미술의 교사의 역할을 관찰하기, 기록하기, 상호작용하기, 평가하기 등 다섯 가지로 설명하여 구분하였으면 내용은 다음과 같다.

1. 관찰하기

미술활동의 참여에 따른 아동의 미술표현능력의 발달에 있어 가장 중요한 것은 교사의 아동관찰에 있다. 관찰은 아동의 수준을 파악하고 평가하는 데 필요한 과정이다. 아동의 발달 수준, 흥미도, 욕구, 환경과 재료의 적절성 등을 확인할 수 있으며, 아동이 미술활동을 통하여 가능한 창의적인 활동이 진행될 수 있도록 교사가 어떠한 도움을 줄 수 있는지 판단할 수 있다.

또한 아동미술활동에서의 교사의 관찰은 아동이 미술활동에 있어서 얼마나 적극적인 참여가 될 수 있는가를 가늠하는 기준을 두고 관찰할 필요성이 있다. 그 기준은 다음과 같다.

- 아동이 미술활동을 자유롭게 할 수 있는 신체적인 불편함이 없는가?
- 아동이 자유롭게 소근육을 사용하여 미술활동을 할 수 있는가?
- 미술활동을 할 수 있는 충분한 공간 확보가 되어 있는가?
- 아동들의 흥미를 유발할 수 있을 만큼의 매력적인 재료 또는 사물인가?
- 미술활동의 도구(가위, 풀, 붓, 조각칼 등)를 능숙하게 사용할 수 있는가?
- 아동 자신의 그림을 이해하고 설명할 수 있는가?

위의 질문 이외에 환경적인 영향을 받을 수 있는 요인들을 교사들은 간과해서는 안 된다. 아동이 미술활동을 시작하기에 앞서 교사는 아동의 활동에 대한 동기유발이 될 수 있도록 도와주어야 하며, 교사의 언변, 표정, 준비된 자료 등 이것으로 하여금 아동이 적극적인 활동이 전개되도록 해야 한다. 그러므로 교사는 아동들이 미술활동을 자유롭게 할 수 있도록 적극적인 관찰 태도가 필요하다.

그림 그리기 미술활동의 관찰

2. 기록하기

미술교사는 아동미술활동의 시작부터 끝나는 시간 동안 관찰과 함께 기록하는 습관을 가져야 한다. 아동의 표정, 반복적 행동, 흥미, 거부적 반응 등을 이해하기 위해서는 교사는 가능한 자주 규칙적으로 관찰과 기록을 게을리하지 말아야 한다.

기록지에는 아동의 이름, 성별, 연령, 기록시간, 내용, 교사의 의견 등을 고려하여 작성해야 한다. 기록지는 아동의 부모와의 상담 시 유용하게 활용이 되며, 무엇보다도 아동의 미술에 대한 관심과 흥미, 미술표현능력 발달에 도움을 준다.

아동의 그림을 월·주별로 수집하여 관찰일지에 기록하는 방법이 아동의 발달과 수준, 흥미 등을 이해는 과정에서 많은 도움을 준다. 또한 교사는 아동의 관찰을 기록함으로써 부모님과의 의사소통의 관계에 있어서도 가정에서의 학습활동에 적절한 지도의 방법과 반응을 제안할 수 있다.

표 6-1 관찰 기록지

이 름	성 별	연 령
○○○	여	만 4세
관찰 기간(2009년 3월 ~ 2009년 5월)		
3월 20일	4월 15일	5월 18일

그림의 변 화	
내 용	• 형체가 난해했던 표상에서 꽃, 벌, 구름 등 형체가 있는 것으로 분명하게 표현할 수 있게 변화하였다. • 색의 변화가 어두운색에서 밝은 색으로 변화하였다. • 인물이 등장하고, 인물의 표정이 밝아졌다. • 필압이 자신 있게 변화하였다. 선의 굵기가 굵어지고 진해졌다. • 전체적으로 안정감을 주는 느낌이 있다.
비 고	

3. 상호작용하기

아동과의 미술활동은 탐색방법 알아보기, 활용하기, 느낌과 생각 나누기, 평가하기, 전시하기 과정 또는 그 이상의 단계로 구분할 수 있다. 그 단계마다 교사는 아동의 잠재적인 능력, 아이디어, 창의적인 표현방법 등을 자유롭게 표현할 수 있도록 아동의 심리를 이해하고 아동과 상호작용을 해야 한다.

　미술활동의 도입부분에서는 아동이 호기심을 갖고 흥미를 가질 수 있도록 수수께끼와 같은 의문을 제시하기도 하여야 한다. 전개활동에서는 아동들의 미술활동에 적극성을 갖고 자신 있게 표현할 수 있도록 격려가 포함된 상호작용이 필요하다. 마무리 단계에서는 성취감을 느낄 수 있도록 하여야 한다.

　쉬르마처(1986)는 아동의 미술에 대한 대화의 전통적 접근법과 효과적인 적절한 반응방법을 다음과 같이 분류하여 설명하였다(박화윤, 2007 재인용).

1) 미술에 대한 전통적 접근법

(1) 칭 찬

"아름다운 그림이구나!", "얼마나 사랑스러운가!", "그래, 매우 좋구나!"와 같은 말은 전형적인 칭찬 접근법이다. 그리고 유아도 "감사합니다"라고 말한다. 이는 풍부한 언어로 대화를 나누는 많은 기회가 상실되며 이런 모호한 표현은 지나친 상투어가 되므로 진실성과 거리가 있다. 아름다운 그림이란 무엇을 말하며, 누가 그 표준을 정하고, 특수한 반응이 아동의 미술발달을 어떻게 높일 수 있는가에 대한 답이 결핍되어 있다.

(2) 판 단

"그것이 좋다, 훌륭하다"는 판단 접근적인 말이다. 대부분 교사는 "좋다, 더 좋다, 아주 좋다" 등 등급을 매기고 싶지 않으므로 단지 모든 그림이 "좋다"라고 말한다. 이런 말은 의미 없고 또한 과용한 결과 아동에게 신뢰성을 잃는다. 충동적인 끄적거리기와 자세한 표현 그림을 모두 어떻게 "좋다"로 같이 말할 수 있는가? 그런 알맹이 없는 판단은 무비판적으로 승인하는 태도를 전달하는 것이다.

(3) 가 치

"나는 그것을 좋아해, 오! 나는 그것을 사랑해"는 가치접근식 말이다. 성인을 즐겁게 하기 위해 아동들은 그림을 그리지 않고 자신을 표현하고자 창의하므로 미술활동에 보낸 모든 노력과 시간에 대해 감사의 마음을 전하는 것이 중요하다. 그러나 그리는 과정에 대하여 보상하고 격려하는 것은 완성된 작품에 대한 개인적인 인정과는 아주 다르다. 결과보다 과정이 훨씬 더 중요하기 때문에 과정보다 결과에 가치를 더 두면 미술활동이 매우 제한적이 된다.

(4) 질 문

"이것이 무엇이지? 그것이 어떻게 될 것인가?"라는 질문은 접근식 표현이다. 무엇인가를 물으면 아동들은 어깨를 움츠리고 눈을 아래로 뜨고 "몰라요"라고 말하거나 가버린다. 계속 물으면 이에 반응하는 말은 단지 언어놀이가 될 뿐 결과적으로 유아 스스로 그리거나 만든 것에 관해 매우 긍정적인 의미를 갖지 못한다. 많은 아동들의 그림은 개인적·자기중심적이어서 어떤 것처럼 보이게 의도되지 않으므로 "무엇이냐"고 묻는 것은 어리석고 해를 끼칠 수도 있다.

(5) 탐 색

"그것에 관해 말해 주겠니?", "이것에 대해 무엇을 말하고 싶니?"는 질문하는 말보다 덜 진보적이고 언어적이며, 미술을 다른 활동과 관련시키는 교육과정의 통합적 접근을 지원한다. 교육적 목표는 상징을 통해 그림 그 자체가 보여 주므로 언어가 필요없다. 아동의 미술을 그 자체로서 가치롭고 단지 다른 기본적인 교육과정 영역을 위한 도약판은 아니다. 탐색적인 말은 장점이 있지만 반복된 사용으로 신선미가 멀어지게 되므로 아껴서 사용해야 된다. 아동들의 자신의 그림에 관해 어떠한 비평도 명령도 적합하지 않다.

(6) 교 정

아동이 그린 그림에서 사실의 사물의 모습에서 생략이 되거나 반복이 될 수도 있다. 하지만 아동의 그림에 "무엇이 빠졌어, 다른 것 같아" 등의 비판적이거나 평가적 질문을 하는 것은 아동의 자유로운 표상활동에 제동을 거는 것으로 미술적 성장을 돕지 못한다.

2) 미술에 대한 효과적인 반응접근방법

교사는 효과적인 미술활동을 위해서 다음 사항을 유의해야 한다.

- 아동 자신의 그림에 대한 교사의 비교 수정이 없이도 미술적 발견을 갖게 한다. 유아가 만든 것을 보여 줄때 처음에는 아무 말도 하지 말고 미소를 짓는다.
- 아동 그림의 표상에 대한 심미적 인식의 발달을 조장하기 위해 그림 표상에 대한 탐색에서 추상이나 디자인의 질, 모양과 형태 등으로 초점을 바꾼다.
- 미술에 관해 이야기할 때 반성적인 대화를 사용한다 : 미술적 디자인 요소들은 아동들에게 반응할 수 있는 좋은 틀을 제공한다. 색, 채, 선, 야감, 도형, 패턴, 공간, 질감 요소들은 미술에 관해 유아와 이야기할 때 발달적으로 적합하게 사용할 수 있다.

4. 평가하기

아동의 미술활동에 대한 과정, 결과를 평가하기 앞서 교사 자신 스스로 활동에 대한 태도, 준비, 전문적 지식, 아동에 대한 이해, 활동선정의 적절성, 홍미도 등을 다시 확인을 하는 과정인 교사 평가가 우선 이루어져야 한다.

평가라는 것은 아동의 결과물에 대한 좋고 나쁨보다는 교사에 의한 미술활동에 있어 동기부여가 얼마만큼 되었는가, 그리고 그 자극이 적절하였는가, 자극을 줄 수 있는 교사 자신의 전문적인 배경이 되었는가를 의미하는 것이다. 미술활동의 동기부여 요인의 내용은 다음과 같다.

미술활동의 동기부여 요인

• 교사 자신의 언어적 태도	• 동기부여
• 교사 자신의 적극적인 태도	• 환경조성
• 교사 자신의 활동에 대한 전문적 지식의 정도	• 확장 활동에 대한 예측
• 아동에 대한 이해	• 다음 활동과의 연계성
• 주제의 적절성	• 통합적 접근
• 재료의 다양화	

앞의 과정들을 충분히 활용하여 미술교육활동에 활용을 한다면 아동의 미술표현능력과 이해능력의 발달에 긍정적인 영향을 줄 것이다.

많은 연구자들은 교사의 역할에 대한 중요성을 강조하고 있다. 그 중 대표적인 예로 미술교사의 요건, 교사의 역할에 대하여 최재영(2005), 이명호(2006)가 제시한 내용을 중심으로 살펴보자.

먼저, 최재영(2005)은 아동의 미술활동은 아동의 성장과 발달을 바람직한 방향으로 이끌어 준다고 하였으며 아동미술활동의 적절한 경영을 위한 기본적인 교사의 요건을 다음 열한 가지로 제시하였다.

- 미술활동에 관한 이론과 기본적인 기술의 습득이 이루어져야 하며 가치와 판단, 폭넓은 지식과 미학적인 견식을 지녀야 한다.
- 국내 · 외 미술활동에 대한 동향과 관심을 항상 가져야 한다.
- 미적인 조형 요소에 대한 올바른 분석과 이해, 감상, 평가에 필요한 능력을 갖추기 위한 부단한 연구자세가 필요하다.
- 아동의 흥미를 지속적으로 유발시킬 수 있는 자료나 기술을 갖추어야 한다. 그것은 교사의 경영방법이나 능력에 따라서 나타나는 아동들의 반응이 무척 다른 양상을 보여 주기 때문이다.
- 친절한 마음, 칭찬과 격려를 아끼지 않는 아동을 진정으로 이해할 수 있는 따뜻한 마음을 지녀야 한다.
- 아동들과 더불어 활동을 즐기고 그들을 도와주는 조력자로서 사랑과 봉사, 헌신하는 자세를 가져야 한다. 교사와 아동들의 마음이 서로 교감할 때보다 활기차고 능동적이며 적극적인 활동으로 이어지는 길이 되는 것이다.
- 다른 활동 영역과의 관련성을 고려하는 자세가 필요하다.
- 미술활동은 그 어느 영역보다도 융통성이 있어야 한다는 것을 인식하고 상황에 적절하게 부응하는 자세가 요구된다. 미술활동 자체가 다른 어떤 교육활동과는 달리 자율성과 유연성을 필요로 하는 것이며, 이러한 것이 바탕이 될 때보다 차원 높은 창조성을 유도해 주는 것이기 때문이다.
- 아동 각자의 발달 정도와 차이를 이해하고 부진아나 지체 장애 아동들에 대한 배려를 염두에 두어야 한다.

- 활동에 대해서 긍정적이고 적극성 있는 태도와 아동의 모든 것을 수용할 수 있으며 아동을 존중하고 신뢰하는 성품을 필요로 한다.
- 여러 가지 재료나 용구를 효율적으로 이용할 수 있는 자질을 갖추어야 한다.

또한 이명호(2006)에 따르면, 교사는 아동의 특성, 환경적 요인, 심리상황, 미술의 구조를 조화롭게 체제 안으로 수렴할 수 있어야 하고, 아동의 눈높이 수준에 맞추려는 교사의 동일화 노력은 미술활동의 성공을 위해 필요하다고 강조하였다. 또한 교사의 적극적인 태도는 아동이 미술활동에 있어서 성공적인 결과를 뒷받침해 준다고 하였다. 이에 교사는 역동적이고 진취적이어야 하며, 미술활동에 있어서 적극적인 안내자·조력자가 되어야 한다. 아동의 활동에 아동 자신의 잠재적인 능력과 감각을 끄집어 내어 창의적으로 표현할 수 있도록 교사 또한 창의적인 태도로 접근하는 방법을 택해야 한다.

교사는 미술활동에 대한 전문적인 지식의 습득을 게을리 하지 말아야 하며, 미술의 다양한 지식구조를 수렴해야 한다. 무엇보다도 미술활동의 전반적인 계획을 체계적으로 수립하고 이해해야 한다.

아동의 미술활동의 결과물, 활동 중의 행동, 언어적 표현 등을 교사가 모두 다 예측하기는 어렵지만 미술활동을 통해 아동이 긍정적인 발달의 방향을 제시해 줄 수 있다. 교사의 활동에 대한 준비와 아동의 이해를 기초로한 상호작용, 교사 자신의 반성적 저널 쓰기 등은 교사를 더욱 전문가로 거듭날 수 있도록 도울 뿐만 아니라 아동이 미술활동에 참여하도록 이끈다.

교사가 갖추어야 할 태도

- 역동적 태도
- 진취적 태도
- 적극적 태도
- 창의적 태도
- 융통적 태도
- 심리적 통찰력
- 교사가 갖추어야 할 지식
- 미술의 다양한 지식 구조 수렴
- 활동에 대한 사전 경험 구성
- 자료의 적절한 활용 방안
- 표현방법의 적절한 활용 방안
- 재료의 적절한 활용 방안
- 미술활동 설계의 이해

Chapter 7

아동미술의 평가

Chapter **7**

아동미술의 평가

1. 평가의 목적

미술활동의 평가는 아동의 평가뿐만 아니라 미술활동의 전반적인 과정을 포함한다. 아동이 미술활동을 통하여 표현력, 감상능력, 독창성 등이 얼마나 증진되었는가를 측정하고 아동발달의 기초자료로 활용하는 데 있어 평가는 중요한 역할을 한다. 즉, 부분이 아닌 총체적인 평가가 이루어지도록 평가는 교육과정부터 아동, 교사에 이르기까지 체계적인 평가과정을 필요로 한다.

교사는 객관적인 판단에 의해 스스로 교육과정의 목표가 아동의 연령, 흥미, 수준에 적합하였는가를 판단하여야 한다. 아동의 평가는 활동을 통해 아동이 개인의 잠재적인 창의적 능력의 발산을 무엇을 어떻게 표현하였는가를 관찰하고 평가가 되어야 한다. 또한 다양한 미술기법과 도구 및 재료를 그 기능에 맞게 창의적으로 사용했는가 등도 매우 중요한 평가의 부분이 된다.

최재영(2005)은 과정 중심의 미술평가 기준을 다음과 같이 제시하였다.

- 평가의 목표가 설정되어야 하고 목표에 부응하는 평가방법이 연구되어야 한다.

이야기 나눈 후의 대그룹 색종이접기활동

- 평가의 기준은 교사의 주관보다 객관적인 입장에서 이루어져야 한다.
- 항상 결과보다 활동과정을 중요시하는 평가가 이루어져야 한다.
- 작품에 내포된 아동의 심상과 욕구, 갈등, 염원 등을 살펴본다.
- 아동의 상상력과 정서 상태, 개성과 창의의식을 살펴본다.
- 아동의 성장 상태와 남·여 성별에 따르는 특징을 서로 비교해 본다.
- 재료와 용구의 활용방법과 활동과정을 살펴본다.
- 아동미술을 올바르게 이해하고 판단할 수 있는 교사 자신의 미술에 대한 지식과 기법에 대한 충분한 능력을 갖추어야 한다.

평가를 통해 아동은 다양한 미술도구를 사용하기도 하며, 기법을 익히고, 표현력이 증진이 되며, 감상의 바른 태도 등을 학습할 수 있다. 하지만 아동 개인의 미술표현 기법만, 객관적인 사실성만을 증진시키고자 한다면 아동의 적극적이고 잠재된 창의적 능력을 자칫 지나칠 수 있다. 그러므로 아동미술활동의 교육목표를 명확하게 교사가 인지하여 아동의 개인적 심상이 자유롭게 표현될 수 있도록 주변 환경의 분위기를 만드는 것이 평가의 요소가 될 수 있다. 아동이 너무 경직되거나 통제가 되는 환경에서는 마음의 자유로움을 표현해 내기란 힘들기 때문에 아동이 주변 환경과도 상호작용이 잘될 수 있도록 조성해 주는 것이 필요하다.

정리정돈이 끝나면 평가가 이루어지는데, 이때 평가는 완성된 작품만으로 평가가 이루어지는 것이 아니라 활동 전체과정을 대상으로 아동의 전인발달을 돕는 목적으로 이루어져야 한다.

소그룹 미술활동

이정환(1995)에 따르면 아동의 미술활동에 대한 평가는 활동이 어떻게 진행되는지 변화하는 과정을 체크하고, 그것을 토대로 하여 아동의 앞으로의 미술활동을 예측하여 교육과정을 계획함으로써 아동에게 도움을 줄 수 있어야 한다고 하였다. 그러므로 아동의 미술활동에 대한 평가는 표현활동과정과, 감상능력, 실제 아동의 창의력, 표현력, 관찰력 및 미적 감각을 얼마나 변화시켰는가를 측정하고, 또 학습목표에 얼마나 접근하였는가를 반영하여 미술활동 지도에 도움이 되어야 한다고 강조하였다.

평가는 아동은 물론 교사, 환경 등도 평가의 대상으로 한다. 평가는 객관적인 요인과 과정에 의해 시행되어야 한다. 평가의 주목적은 아동의 발달적 변화를 도모하고자 하는 것에 있음을 잊어서는 안 된다. 평가는 절대적으로 개인적인 관계, 선입관으로 인해 공정치 못한 결과를 낳아서는 안 된다. 평가물은 아동, 부모, 교사의 관계에서 아동의 발달, 부모와의 상담, 교사의 교육설계 준비를 위한 것으로 활용되어야 한다.

아동미술교육은 아동의 흥미와 즐거움을 전제로 하지만 미술교육과정을 통해 아동이 사용하는 뇌의 미술영역을 확장시키는 것이 최종의 목표이다. 아동미술의 평가 목적을 종합적으로 정리하면 다음과 같다.

- 아동에 대한 평가뿐만이 아니라 교육과정에 대한 평가가 이루어져야 한다.
- 격려와 칭찬을 통해 아동의 표현이 적극적으로 이루어질 수 있도록 한다.
- 아동의 미술표현능력, 감상능력, 창의력 등의 발달에 도움이 되도록 활동을 마련한다.
- 평가결과가 다음 활동의 기초자료가 될 수 있는 기반이 되도록 한다.
- 미술활동의 결과물에 대한 평가는 사전·사후의 과정으로 변화의 과정을 측정할 수 있어 미술활동에 도움을 준다.

2. 평가의 내용 및 방법

아동의 미술교육 평가는 다양한 내용과 방법으로 구분된다. 내용으로는 작품, 아동의 개인적 관찰, 교사 평가, 부모님의 평가, 미술활동과정의 평가, 평가 내용의 평가 등으로 볼 수 있다. 방법으로는 포트폴리오, 체크리스트, 일화기록, 비교법, 질문지법 등을 활용하여 아동의 객관적인 미술교육 평가를 할 수 있다. 포트폴리오는 아동의 미술교육활동의 평가로 포트폴리오와 평가목록표를 가장 많이 사용한다. 포트폴리오란 유아들의 미술활동의 결과물을 정기적으로 수집하여 정리한 것으로 포트폴리오는 시간의 흐름에 따른 유아의 미술표현능력의 발달, 개념의 발달, 흥미, 구성의 발달 등을 성인(교사, 부모 등)

이 발견하여 유아의 발달 평가에 중요한 자료가 된다.

이정환·박은혜(1996)는 유아 미술 평가를 위한 포트폴리오를 조직하는 기본 지침 네 가지를 다음과 같이 제시하였다.

- 체제를 재조직한다.
- 수시로 자료를 수집한다.
- 작품을 선정하고 자료를 정리한다.
- 종합적으로 평가한다.

1) 개별평가방법

아동들의 창의적 표현활동 중간중간에 일대일 비형식적인 방법으로 이루어지는 형태이다. 이때 교사는 아동들을 주의 깊게 관찰해서 아동이 흥미를 가지고 있는 것이 무엇인지, 어느 부분에 힘들어 하는지, 또래와의 상호작용 양상과 창의적 표현력 등을 파악해

표 7-1 개별 작품 분석·평가의 예

이 름	○○○		관찰일	○○.○○.○○
성 별	여		연 령	만 3세
생활 주제	여 름		활동명	손가락으로 나무 꾸미기
평가 내용	선	색	형 태	화면구성	주제표현
	–	○	○	○	○

활동 장면	내 용
	1. 손가락 나무 그림으로, 선의 표현은 나무가 그려져 있는 종이를 제공하여 다양하게 나타나지 않았다. 2. 다양한 색을 제공하였는데, ○○가 초록과 연두 계열의 색을 주로 사용하였다. 3. 나무의 기둥은 있지만 나뭇잎의 형태나 크기는 따로 제시하지 않았음에도 손가락을 사용해 곳곳에 찍기를 하였다. 4. 전체적으로 꽉 차도록 손가락 찍기를 하였다.
비 고	

서 아동이 활동을 잘할 수 있도록 관심과 칭찬, 격려를 해주어야 한다. 이때 아동의 작품에 대한 칭찬과 격려는 '멋있다', '잘하는데' 라고 단순하게 해주는 것보다는 '○○가 꼬리를 색실을 이용해 만드니까 더 화려하고 멋있는데' 처럼 구체적으로 집어서 말해 주는 것이 좋다.

미술활동 후 발표하기

2) 집단평가방법

아동들이 활동을 마친 후에 전체적으로 모인 자리에서 자신의 작품을 친구들에게 보여 주고 자신의 작품에 대한 구체적인 설명을 해 준 다음 또래 친구들과 교사가 함께 토의하는 방법이다. 이때 교사는 아동에게 발표를 시키기 전에 미리 자신의 작품에 대한 설명을 할 수 있는 시간적 여유를 주는 것이 좋고, 아동이 발표하면서 다른 아동들로부터 부정적인 영향을 받지 않도록 분위기를 이끌어 주어 긍정적인 피드백을 제공해 주어야 한다.

평가가 끝난 후 아동들의 작품을 어느 곳에 전시할 것인지 함께 얘기해 보고 친구들의 작품에 대한 소감을 적을 수 있는 감상활동지를 함께 배치해 주는 것이 좋다.

3) 포트폴리오방법

미술활동에서 포트폴리오란 장기간의 수집에 의해 아동이 만든 작품, 작품과 활동과정에 대한 기록지, 아동들의 활동과정을 담은 사진이나 비디오, 감상, 평가, 전시 등의 기록을 담은 총체적인 평가방법이다.

포트폴리오 평가방법의 중요성과 포트폴리오를 권하는 이유를 이숙희·이주희(2000), 황윤세(2000)가 제시하였는데, 그 내용을 다음과 같이 다섯 가지로 정리하였다.

포트폴리오의 보관

- 교사와 아동 간의 자료수집과정에서 상호작용이 반응적으로 발생되며 이를 통해 교사는 아동의 흥미와 욕구, 발달의 정도를 파악하게 되며, 교사는 아동의 반응에 즉각적일 수 있다.
- 포트폴리오 평가방법은 아동의 전반적인 학교, 기관의 생활에 대한 이해를 돕는다. 그러므로 부모와의 상담과 아동을 전반적 발달 상황을 파악할 수 있다.
- 포트폴리오 평가방법은 교육과정의 재구성 때 활용된다.
- 포트폴리오 평가방법을 통해 그 결과물을 토대로 교사가 교수방법을 계획, 수정, 적용할 수 있다.

표 7-2 유아의 미술능력 평가척도

표현요소	평가관점	평점 점수				
		5	4	3	2	1
선	• 선의 길이가 다양하다. • 선의 방향이 다양하다. • 선의 종류가 다양하다. • 선의 사용이 자유롭다.					
색	• 색의 사용이 다양하다. • 색의 사용이 자유롭다. • 색의 사용이 조화롭다. • 자신의 감정과 정서에 따라 색을 사용하고 있다.					
형 태	• 주제에 따른 특정한 형태를 잘 묘사하고 있다. • 형태에 생동감이 있다. • 대상을 세부적으로 묘사하고 있다. • 사물의 표현이 자유롭다.					
화면구성	• 전체적인 구도가 안정적이다. • 부분 · 전체 화면을 제대로 마무리하고 있다. • 대상의 크기를 조화롭게 배치하고 있다. • 대상의 위치를 조화롭게 배치하고 있다.					
주제표현	• 주제에 따른 특징이 잘 나타나 있다. • 주제와 관련된 내용이 풍부하고 적절하다. • 주제와 관련된 영상, 상상이 잘 나타나 있다. • 주제에 대한 독창성이 있다.					

출처 : 문은식 · 홍미숙, 2005, pp.223~234

표 7-3 미술작업활동의 평가표

내 용		3~4월			5~6월			9~10월			11~12월		
		상	중	하	상	중	하	상	중	하	상	중	하
평면작업	• 창의적 상상력이 풍부한가? • 자기표현은 충분한가? • 색, 형 등에 민감한가? • 그리는 것을 즐거워 하는가? • 끝까지 완성시키는 인내력이 있는가? • 관찰력은 풍부한가? • 자유롭게 그려져 있는가? • 거리낌 없이 대담하게 표현되어 있는가? • 주의집중을 잘하는가? • 내용이 풍부한가? • 개성적 이미지, 기법, 재료면에서 변화가 있는가? • 동화적인가? • 생명력이 깃들어 있는가? • 스스로의 창의력으로 하는가? • 표현기능이 다양한가? • 장난은 심하지 않는가?												
입체작업	• 조형적 요소 감각이 있는가? • 재료를 잘 다루나? • 꾸미는 감각은 예민한가? • 자기의 개성이 나타나는가? • 꾸밈의 아름다움을 아는가? • 생활과 관련 짓는 모습이 나타나는가? • 즐거워하며 만드는가? • 재료의 성질을 파악하고 이용하려 드는가? • 수공놀이를 즐기는가? • 만들려는 의욕이 잇는가? • 창의력이 엿보이나 • 각종 도구에 대한 사용능력이 있는가? • 끝까지 완성하려는 인내력은 보이나												
공동작업													
교사종합소견													

출처 : 박화윤, 2003

다섯째, 포트폴리오는 통합적 결과물로 아동의 전인발달을 파악하고 통합적으로 교육 과정에 포함하여 강점지능, 약점지능의 발견으로 아동에게 교육적 지원이 가능하다.

아동이 직접 그날 만든 작품에 대해 제목과 만든 재료, 작품 중 제일 마음에 드는 곳, 활동 중에 기억에 남는 일 등을 기록해서 정리를 한다. 부피가 크거나 아동이 집에 가지고 가고 싶다고 한 작품들은 사진을 찍어 바구니에 보관해 두어야 하며, 이런 자료들은 주에 한 번씩 정리를 해서 관리하는 것이 좋다.

유아를 대상으로 하는 경우 유아의 주변 환경의 변화에 의해 통합적인 미술활동의 결과물에 불규칙적인 변화를 주기도 한다. 그렇기 때문에 교사는 연속적·주기적인 유아의 미술활동의 평가에 계획을 세워야 한다. 표 7-2은 체크리스트의 예로 문은식·홍미숙(2005)의 유아의 미술능력 평가척도이며, 표 7-3은 박화윤(2003)의 미술작업 활동의 평가표이다.

3. 전시

전시는 아동이 자신의 작품에 대한 성취감과 자신감을 느끼게 해주고 타인의 작품을 감상할 수 있는 기회를 제공해 준다. 전시를 통해 감상활동으로 이뤄질 수 있도록 유도하고 자신의 작품과 타인의 작품을 감상할 수 있는 기회를 제공해 준다. 또한 다른 아동의 작품을 전시된 것을 감상하면서 타인의 생각과 느낌을 이해하고 존중해 주는 마음을 갖게 된다.

이러한 전시는 아동들에게 또 하나의 색다른 경험이며 작품의 가치를 높여 줄 수 있고, 전시된 작품에 대한 소중한 마음과 태도도 함께 길러지게 된다. 따라서 교사는 아동들의 작품을 돋보일 수 있게 다양한 전시방법을 연구해야 한다.

1) 벽을 이용한 전시

노끈, 리본테이프, 반짝이 줄 등을 이용해서 떨어져도 위험하지 않은 작품, 벽에 걸거나 붙일 수 있는 작품, 파손되지 않은 작품, 가벼운 작품들을 전시한다.

벽을 이용한 아동 작품의 전시

2) 천장을 이용한 전시

모빌처럼 여러 각도가 가능한 입체작품을 천장에
매다는 방법으로 전시한다.

3) 진열대, 교구장, 책상, 의자, 창틀 등을
   이용한 전시

작품들을 진열대나 교구장 책상, 의자, 창틀 등에 전
시하는 방법이다. 이 방법은 현장에서 많이 사용되
는 방법으로, 전시할 때는 교구장 책상, 의자, 창틀

천장에 모빌로 전시

등에 화선지나 천을 깔아 주어 작품을 전시하며 무게가 많이 나가거나 부피가 큰 것들을
주로 전시한다.

4) 박스를 이용한 전시

전시할 곳이 마땅하게 없을 경우 과일 박스나 큰 상자를 예쁘게 꾸며 바닥에 보기 좋고,

아크릴 box 진열대를 이용한 전시　　　　　　　책상을 이용한 전시

조화롭게 전시한다.

　전시를 한 다음 아동들은 전시된 작품을 자유선택활동 시간을 통해 개별적으로 또는 소그룹으로 감상을 한다. 다른 아동의 작품에 대한 생각과 느낌을 감상활동지에 작성한 후 감상활동지 보관함이나 바구니에 넣어 둔다. 교사는 자유활동이 끝난 후 아동들이 다 모인 자리에서 감상활동지를 소개해 주면서 격려과 칭찬을 해준다.

감상활동지

○○○에게

◆ 재미있었던 점 :

◆ 궁금한 점 :

◆ 느낀 점 :

년　월　일

□□□가

감상활동지 예

4. 평가 관리

미술평가의 관점은 미술활동과정에 나타나는 태도에서 흥미도, 자신감, 성실성, 관찰력, 작품의 존중면을 보아야 한다(신정숙, 1989).

- 미술활동에 호기심과 흥미를 나타내고 있는가? 활동에 지속적으로 호기심 흥미를 보이면 좋은 평가를 할 수 있으나 호기심과 흥미를 보이지 않으면 낮게 평가할 수 있다. 또한 망설이지 않고 주관적으로 표현하는가와 망설이고 기피하면 낮게 평가할 수 있다.
- 정성을 다해 진지하게 표현하는가? 그렇지 않으면 낮게 평가를 받는다.
- 사물을 관심 있게 보며 그 특징을 표현하는가? 사물에 대한 특징을 표현하려고 하면 평가를 높게 한다. 그렇지 않으면 낮게 평가한다.
- 자신의 작품에 대해 자신 있게 설명하고 소중히 다루는가? 자신의 작품을 소중히 여기지 않고 설명도 하지 않는다면 낮게 평가할 수 있다.

위의 내용을 기초로 한 미술평가의 관점은 아동의 기록지에 그 내용을 기록하여 평가의 자료로 사용할 수 있다. 그렇기 때문에 교사의 관점은 아동에게 절대적인 영향을 줄 수 있다.

평가의 결과에 대한 자료는 아동과 부모님, 교사가 공유하여 아동의 미술능력의 발달에 도움을 줄 수 있다. 하지만 그것이 아동의 전체를 평가하는 기준이 되거나 아동에게 평가의 결과를 전달하여 아동에게 긍정적인 영향을 줄 수 없음을 교사는 늘 인지하여야 한다. 평가의 자료가 교사에게 있어 아동의 수준을 이해하고, 아동에게 있어 긍정적인 자극과 앞으로의 미술활동에 촉매제가 될 수 있도록 활용되어야 한다. 평가의 자료를 수집하고 관리하는 것에 교사는 다음의 내용을 고려해야 한다.

- 평가의 내용에 적합한 내용을 구성했는가?
- 활동의 평가에 앞서 규칙적이고 일관성 있는 관찰이 이루어졌는가?
- 주관적인 아닌 객관적인 평가의 기준을 세웠는가?
- 평가의 결과가 아동에 긍정적인 영향을 주고 있는가?
- 평가 또한 발달영역에 제한적이지는 않는가?

아동미술 프로그램

Chapter **8**

아동미술 프로그램

1. 아동미술 프로그램의 이해

아동의 미술활동은 호기심, 흥미로 출발하여 미술활동의 과정, 결과로 진행된다. 현재의 현장에서의 미술교육은 결과와 과정 중심으로 치우쳐 있다고 볼 수 있다. 따라서 미술활동에서 아동이 체계적인 미술교육에 흡수시키고자 한다. 아동이 미술활동을 통하여 성취감을 극대화시키는 것일 것이다. 본 장에서는 미술 프로그램의 기초 이론을 알아보고, 대표적인 미술 프로그램인 총체적인 미술 프로그램, 레지오 프로그램에 대해 구체적으로 알아보고자 한다.

우리나라에는 수많은 훌륭한 선진국에서 보급되어 들어온 교육 프로그램들이 있다. 특히 미술과 관련된 아동미술교육 프로그램은 많은 비중을 차지하고 있다. 결국 아동의 발달에 미술교육은 중요한 부분을 차지하고 있는 것이다.

미술교육 프로그램의 도입은 지역의 문화와 기관의 특성에 따라 계획되고 기존의 프로그램들이 변형되기도 한다. 프로그램은 다양한 형태로 독립적이거나 통합적으로 계획하고 운영할 수 있는 것이다.

프로그램의 적용에 있어 지나친 아동발달 이론에 치우치지 않도록 해야 하며, 아동이 단순한 과정에서 복잡한 과정으로 발달되도록 한다. 또한 아동이 적극적으로 사용할 수 있는 재료나 흥미로운 주제의 접근이 되도록 하며, 다루기 어려운 미술도구, 재료는 아동이 사용하기에 안전하고 용이한 것으로 교체해야 한다.

프로그램의 활동에서 아동은 스스로 작업을 선택하여 아동 자신의 생각과 느낌을 창의적으로 표현할 수 있는 과정이 제공되어야 한다. 교사가 너무 지시적이거나 직접적인 간섭은 아동의 창의성에 부정적인 영향을 주게 된다.

아동의 창의적인 표현기술들은 교사의 프로그램에 대한 전문적인 지식과 열정적인 관심에서부터 시작된다. 아동이 흥미를 갖고 활동에 적극적으로 참여하기 위해서는 다양한 주제, 재료, 흥미로운 기법 등의 제공은 아동이 미술적 감각을 키우고 관심을 갖기에 중요한 역할을 한다. 미국의 미술교육협회(1973)가 제시한 질 좋은 미술교육 프로그램을 위한 아홉 가지 학습방법은 다음과 같다.

- 미술교육의 많은 자원이 되는 자연물과 인공물 둘 다를 조사한다.
- 유아들의 발달적 수준과 표현적 요구에 적합한 다양한 미술재료를 사용하여 개인적인 아이디어와 감정을 표현하게 한다.
- 새로운 형태를 창의할 때 유아 자신이 결정하는 과정을 가지며 미술재료에 대한 깊이 있는 실험을 한다.
- 유아가 자신의 능력에 적절한 도구를 가지고 작업하고, 심미적 표현을 만족시키는 데 필요한 기술을 발달시킨다.
- 형, 색채, 공간에서의 질감에 대한 이해를 얻기 위한 과정에서 작업을 조직, 평가, 재조직한다.
- 미술작품의 다양성을 보고, 읽고, 토의한다. 가정이나 교육기관, 지역사회에서 흔히 볼 수 있는 그림, 조각, 공예, 건축 등의 사진이나 잡지, 그림, 박물관, 화랑 등의 견학을 통해 질감, 양감, 모양, 색채 등에 대해 살펴보고 자신의 느낌을 토의한다.
- 미술가들이 작업장, 영화 스튜디오에서 미술작품을 만드는 것을 본다.
- 산업적 생산품, 가정과 지역사회의 산물, 친구 작품과 예술가의 작품을 평가한다.
- 가정 또는 지역사회와 개인생활에서 미술지식을 적용하고 판단을 위해 심미감을 제공하는 활동을 하게 한다.

미술교육협회가 제시한 위의 내용들은 아동 중심의 미술교육방법을 강조하고 있으며, 아동 자신 스스로 감각을 사용하여 느낄 수 있는 과정들에 초점을 두고 있다. 곧 그것이 아동의 성장을 돕는 것이다. 미술은 움직임의 산물이다. 아동의 생각을, 마음을, 몸짓을 이용하여 눈으로 보고, 마음으로 느끼고, 손으로 만질 수 있는 결과물인 것이다.

2. 아동미술 프로그램의 구성

아동들에게 미술교육 프로그램을 적용시키기 전에 앞서 어떠한 프로그램을 어떻게 교육할 것인지에 대한 것을 알고 접근해야 할 것이다. 미술교육 프로그램의 계획과 운영은 연령적 특성 또는 환경적 특성에 따라 다양하게 구성할 수 있다.

아동미술 프로그램의 계획 및 운영에 있어 원칙을 제시하면 다음과 같다.

- 아동의 발달에 적합하게 계획하여야 한다 : 프로그램은 아동의 발달에 적합한 활동으로 구성되어야 한다는 것이다. 이는 단순함에서 복잡함으로의 과정을 강조하고 아동의 발달에 적합한 재료와 도구를 제공하고 주의를 주어야 함을 강조하는 것이다.

- 작업과정에서 생기는 모든 선택은 아동에게 개방되어야 한다(오종숙, 1999) : 아동의 활동선택에 있어 보다 자율적으로 적극적인 환경을 구성함을 말한다. 작업과정의 3단계는 ① 작업에 대한 주제, ② 표현할 재료나 용구, ③ 그것의 구성이 가능한 한 모두 아동이 원하는 대로 선택하고 결정하도록 해야만 창의적인 표현으로 이끄는 것이다.

- 아동의 흥미에 자극이 되어 긍정적 반응의 활동이 되도록 구성한다 : 활동에 있어서 아동이 즐겁고 적극적인 참여를 할 수 있도록 다양한 주제, 흥미를 유발시킬 수 있는 환경구성, 다양한 도구, 재료 등의 제공이 아동의 흥미를 유발시키고 유지시킬 수 있다.

- 아동의 좌뇌와 우뇌 등 전뇌발달이 될 수 있도록 경험과 표현적 균형이 되게 한다 : 미술활동이 자칫 표현에만 중점을 두게 될 오류도 종종 범하게 된다. 아동이 다양한 경험을 할 수 있는 기회를 갖는다면 아동이 경험을 바탕으로, 또한 새로운 경험적 환경의 자극으로 창의적인 활동을 할 수 있을 것이다.

- 다른 영역과의 통합적 과정으로 구성해야 한다 : 미술활동영역은 단지 그림만 그리거나 만들기에 국한된 것이 아니라 미술활동을 통해 언어 발달, 인지 발달, 신체 발달, 사회성 발달 등 아동의 발달적 성숙이 되도록 해야 한다.

1) 프로그램의 기본 목적

프로그램의 기본적인 목적은 아동의 전인 발달, 즉 신체적·언어적·창의적·사회적 발달 등 아동의 모든 영역의 발달을 도울 수 있는 미술교육활동이 구성되도록 하는 것에 목적을 둔다.

파케이와 하스(Forrest W. Parkay & Glen Hass, 2000)는 아동을 위한 미술 프로그램을 구성을 할 때의 목표들을 다음과 같이 설명하였다.

학자와 연구자들에 의해 아동미술교육 프로그램의 목적이 정리되어 있다. 하지만 아동미술 프로그램의 목적을 간단명료하게 정리하는 것 자체가 어려운 일일 것이다. 유아·초등의 미술교육과정의 내용만을 봐도 내용 자체가 통합적인 접근으로 전문적인 미술뿐만 아니라 전인적인 발달을 도울 수 있는 다른 영역과의 통합적 관계로 구성되어 있

 어린이 프로그램을 위한 몇 가지 목표

① 신뢰감, 자신감, 시작하는 감각을 개발하는 학습자를 돕는다.

② 자기표현력과 창의력이 억제되지 않는 구조와 조직으로 유도한다.

③ 대집단, 소집단 그리고 개별화된 활동을 통한 사회적 기술을 개발하는 것이다.

④ 적절한 신체적·정신적 교육을 제공하는 것이다.

⑤ 의사소통과 계산을 위한 기본 기술을 가르치는 것이다.

⑥ 흥미와 호기심을 증진하는 경험들을 제공함으로써 교육에 대한 이해와 배우기 위한 욕구를 구축시킨다.

⑦ 다양한 지식 분야에 노출시켜 많은 과목에서 흥미를 계발하는 것이다.

⑧ 각 아동들의 성공을 구축하기 위한 기회를 제공함으로써 자기가치와 안전감을 개발시키는 것이다.

⑨ 성취의 만족을 경험하기 위한 아동들을 위해 많은 기회를 제공하는 것이다.

⑩ 다른 아동들에 대한 차이와 가치를 이해하는 것을 개발하는 것이다.

⑪ 개념화, 문제 해결, 자아 방향, 창의성의 과정을 개발시키는 것이다.

⑫ 주변 환경, 지역적·범세계적 사회, 미래, 다른 사람들의 복지와 미래에 대한 관심을 개발시키는 것이다.

⑬ 도덕적 가치를 개발하고 검사하도록 학습자를 돕는 것이다.

다. 즉, 앞의 내용은 그 많은 영역들 사이의 목표, 미술교육 자체의 목표, 아동의 발달만을 고려한 목표 등이 종합적으로 서술되어 있는 것이다. 이 책에서의 미술교육 프로그램의 목표는 미술교육 프로그램을 통해 아동이 자신뿐만 아니라 다른 아동과의 원활한 상호적 관계를 맺고, 자신의 창의적 사고과정을 통해 미술적 표현능력을 증진시켜 개인의 발달을 돕는 것에 있다.

2) 프로그램의 내용

아동미술 프로그램의 내용은 프로그램의 목표에 따라 내용을 정할 수 있다. 아동의 발달을 목표로 정할 경우 지각적 발달, 미술적 발달, 지적 발달, 심미적 발달, 창의적 발달로 구분하여 내용을 선정할 수 있다. 또 다른 연구자들의 연구결과나 프로그램의 개발에 따라 내용을 자유롭게 구성할 수 있다. 아동을 위한 대표적인 미술 프로그램의 내용들은 시대적·환경적·지역적인 문화 등의 영향을 받아 학자에 의해 개발된 것들이 많다. 대표적으로 학과 중심 미술교육(DBAE), 레지오 에밀리아, 통합적 미술교육을 볼 수 있는데, 그 프로그램의 내용을 간략하게 요약하면 다음과 같다.

(1) 학과 중심 미술교육

학과 중심 미술교육(DBAE : Discipline-Based Art Education) 프로그램의 내용은 이론과 실기로 구분하여 내용이 구성되어 있다. 실기는 창의적인 과정으로 art production, 즉 미술제작으로 다양한 미술재료의 사용, 도구의 사용방법을 학습하여 마치 미술작가의 역할을 수행한다. 이론에서는 미술의 역사, 비평, 미학의 세 부분을 강조하고 있다. 역사는 미술작품의 감상을 통해 시대적 배경에 따른 미술의 해석을 토론한다. 비평은 작품의 의도와 자신의 의견을 조합하는 과정이다. 미학은 심미적 감각을 증진시키는 과정이라 할 수 있으며 감상을 통한 해석으로 미적 요소를 인지하는 과정으로 내용이 구성되어 있다.

(2) 레지오 에밀리아

레지오 에밀리아(Reggio Emilia) 프로그램의 내용은 프로젝트 접근방법으로 미리 정해진 주제의 내용으로 프로그램이 전개되기도 하지만 예상하지 못한 아동의 의견을 100% 반영한 주제로 주제가 전개될 수도 있다. 오문자(2000)는 이러한 레지오 에밀리아 프로그램의 특징을 다음과 같이 설명하였다.

① 발현적 교육과정
미리 정해진 주제나 활동에 따라 프로젝트가 진행되는 것이 아니라 아동의 흥미나 교사의 경험에 따라 상호 협상과정을 통해 주제가 선정되고 내용이 발현된다.

② 학습을 위한 그리기
유아가 자신의 사고를 가시화 하여 재고찰하고, 반성하는 기회를 갖기 위해 그리기를 활용한다.

③ 상징화 주기의 활동
프로젝트 학습은 나선형으로 전개되는데, 아동의 반성적 사고능력을 향상시키기 위한 상징화 주기 단계의 과정을 실시한다. 주기의 내용은 레지오 에밀리아 프로그램에서 자세히 다루기로 하겠다.

④ 다상징화를 통해 다양성을 강조하는 과정으로 표상과정에서의 다른 인지과정을 뜻한다.

⑤ 의사소통이 되는 표상방법의 사용은 아동과 교사의 다양한 의사소통적 표상을 강조한 내용이다.

⑥ 사회적 상호작용의 과정으로 첫 번째의 발현적 교육과정의 내용에 관련하여 아동이 스스로 문제를 찾아 해결하는 것으로 타협안을 도출하는 과정적 내용을 말한다.

⑦ 기록화의 활용으로 아동의 활동과정을 체계적으로 기록하는 것을 뜻하며, 활동과 관련된 내용의 매체를 수집하고 전시하는 것이다.

레지오 에밀리아 프로그램의 내용은 지역의 문화를 반영한 것으로 프로젝트 접근법의 특징이 곧 프로그램의 내용으로 이어지며, 그 내용은 단기간 또는 장기간 아동과 환경에 의해 변화된다.

(3) 통합적 미술교육과정

마지막으로 통합적 미술교육과정(integrated art curriculum)의 내용은 각 다양한 전문분야의 교과와 미술과의 통합적 과정을 내용으로 한다.

아동의 발달을 총체적으로 증진시킬 수 있도록 하나의 주제를 선정하여 다양한 영역의 발달을 도울 수 있도록 계획하는 것을 주 내용으로 한다. 만약, '나'로 주제망을 정하여 구성하면 '나'와 관련된 주제를 프로그램의 실시 기간에 맞춰 4~5개로 정하고 그에 따라 소주제를 계획한다. 나의 몸, 나의 가족, 내가 다니는 학교(유치원, 어린이집), 나의 특징 등을 주제로 정하고, 나의 몸의 소주제는 몸무게, 키, 모습 등을 내용으로 다룰 수 있으며, 관련된 미술활동으로는 나의 모습 그리기, 신체를 사용한 물감 찍기, 콜라주, 옷 만들기, 가면 만들기 등을 활동으로 정할 수 있다. 즉, 통합적 미술교육과정의 내용은 주, 월, 학기에 따라 주제를 선정하여 조직망을 구성하고 주제, 소주제, 다른 영역과의 통합 미술활동으로 전개된다.

3) 프로그램의 환경 : 활동, 재료의 다양성

(1) 시 간

① 활동 계획하기

유아교육기관에서 미술활동의 계획은 교사 중심의 대집단을 시작으로 어느 정도의 학습과정을 거친 유아가 스스로 할 수 있는 자유선택활동 시간을 활용한다. 예를 들어, 색종이를 접어서 꾸미는 활동을 대집단으로 했다면 다음날 또는 자유 시간에 유아가 스스로 선택하여 구성하는 시간을 갖는다. 부분 수업에서 전체 수업으로의 전환도 유아의 선택에 의해 가능할 수 있다. 교사는 이때 아동이 미술재료를 미술시간에 효율적으로 활용할수 있도록 미술도구의 사용법을 미리 알려 주고 준비된 재료의 안전성, 재질, 특징 등에 대해 미리 아동과 이야기를 나누어야 한다. 초등학교의 아동들은 즐거운 생활의 미술시간으로 운영되는데 미리 재료를 준비하여 주어진 시간에 아동이 미술활동을 적극적으로 참여한다. 초등학교의 아동들은 자신의 생각이나 느낌 등을 또래 친구들과 공유할 수 있는 의사소통능력이 유아교육기관의 아동들보다 높기 때문에 개별활동도 교육적 효과를 높일 수 있지만 협동활동이 아동의 창의적인 능력 계발에 더욱 효과적이다.

아동은 스스로 선택하여 미술활동을 계획하거나 또래 친구들과의 다양한 상호작용에 의해 창의적인 수업으로 전개될 수 있다.

② 작업하기

아동의 미술활동은 연령에 따라 수준을 다르게 할 수 있다. 유아기의 아동들은 유아교육기관에서 자유선택활동 시간을 활용하여 활동을 한다. 초등학교 저학년의 아동들은 교과수업을 활용하는데 작업활동은 활동 시작 전 활동의 미술재료 준비, 재료를 소개, 탐색한다. 두 번째로는 활동에 관련하여 주의사항을 설명한다. 세 번째는 아동이 활동의 주제에 대해 잘 이해를 하고 있는지 다시 확인하고 아동의 선택적 작업활동이 되도록 지원한다.

박화윤(2007)은 미술영역에서의 활동을 진행할 때 주의점을 재구성하여 설명하였는데, 다음과 같다.

- 미술영역이 정해지면 재료 사용을 위한 한계를 확고하게 정해야 한다. 어떤 정해진 곳에서 그리기로 하였다면 어떤 상황에서 언제 그렇게 할 수 있다는 것을 확신한다.
- 미리 모든 재료를 확보하고 준비해 놓는다. 재료 선택에서 안전에 대한 관심을 주지시킨다. 가장 중요한 것은 모든 작업활동에 있어 순서와 사용방법, 결과의 작품 등이 주가 되지만 아동의 안전에 대한 주의점을 강조하는 것이 중요하다.
- 재료를 선택하고 정리하기 쉽게 분류, 배열해 놓는다. 종이 종류나 색, 크기, 크레파스 색, 풀, 가위, 북의 크기에 따라 보관한다. 다양한 재료를 사용하는 미술작업에서는 아동이 혼동하지 않고 유용하게 사용할 수 있도록 교사의 사전·사후의 준비가 필요하다.
- 미술재료와 접촉한 경험이 없는 경우 대부분의 시간을 재료를 탐색하고 실험하는 활동에 참여해야 한다는 사실을 인식해야 한다. 이 과정은 교사와 아동이 함께 상호작용하는 이야기 나누기 시간 또는 활동의 도입부분인 계획하기에 반드시 진행될

그룹의 작업활동

수 있도록 한다.

- 활동은 단순해야 하고 너무 많은 재료는 아동에게 혼동을 줄 위험이 있다. 주제나 혹은 재료의 특성에 맞는 미술활동의 재료를 준비해 주도록 한다. 특성이 다양한 많은 재료들은 아동에게 무의미한 활동의 전개를 조장할 수도 있다.

- 재료 준비 후 아동이 더욱 복잡한 활동을 할 수 있도록 다른 다양한 재료를 준비해 준다. 아동의 연령을 고려하지 않은 활동은 자칫 아동에게 역효과가 발생될 수 있으므로 아동의 발달에 적합한 활동을 선정하고 아동이 현재의 활동에 익숙해지면 보다 복잡한 활동으로 확장한다.

- 자신의 방식대로 탐색하고 구성할 수 있도록 기회를 준다. 결과물의 형태가 너무 고정적이거나 아동이 그대로 따라하기 식의 작업활동이 되지 않도록 하는 것에 교사의 적극적인 자극이 필요한 과정이다. 아동의 자유로운 아이디어에 격려를 한다.

- 아동이 도움을 필요로 할 때만 개입한다. 아동의 작품에 교사가 많은 부분 개입이 되는 것은 올바르지 않다. 아동이 미술활동을 두려워해 활동을 시작하지 못하거나 도구의 사용에 안전을 필요로 할 경우, 재료가 너무 크거나 작거나 무겁거나 등 아동 혼자 이동이 어려운 경우, 다른 아동의 작품과정을 보고 그대로 모방하는 경우 대화를 시도하고, 그 외 다른 아동의 미술활동과정에 과도하게 개입하지 않도록 한다.

- 제시해 주는 모델을 그대로 모방하도록 강요하지 않는다.

- 아동이 만든 작품에 대해 비판하거나 비교하지 않는다. 아동 자신의 생각에 교사는 늘 긍정적인 태도로 임해야 한다. 물론 아동이 미술시간에 집중하지 못하고 장난을 치거나 위험한 행동을 할 때는 제재를 하지만 아동이 교사의 목표나 기대 기준에 미치지 못했다고 하여 아동을 비판하거나 다른 아동과 비교해서는 안 된다.

- 미완성 작품에 대해 완성하도록 아동을 재촉하지 않는다. 아동이 시간에 쫓기거나 재료가 부족하여 완성을 시간 내에 못하는 경우도 발생할 수 있다. 교사는 아동이 불안해 하지 않도록 작업시간에는 자유롭게 활동하도록 협조한다.

- 작품의 내용과 결과에 대하여 적극적인

환경게시판

격려와 칭찬을 한다. 아동 작품의 제목, 내용 등에 대해 관심을 갖고 아동의 의견에 경청을 하도록 분위기를 조성해 주며 그 결과에 대해 교사는 칭찬을 아끼지 않는다.

• 아동의 작품의 전시와 정리 및 보관의 과정에 가능한한 많은 아동을 참여시킨다. 아동에게 참여의 기회는 다양한 발달을 돕는다. 가능한 아동이 활동의 사전·사후에 많은 부분 참여할 수 있도록 교사의 배려가 적극적으로 필요하다.

③ 전시하기

아동의 작품을 전시할 때는 아동의 의견을 수렴하는 것이 중요하다. 너무 많은 양의 작품을 전시하는 경우에는 2~3번에 나누어 전시할 수 있도록 미리 아동과 이야기를 나누어야 한다. 아동의 작품을 사물함, 책상, 선반, 교구장 등에 전시해 놓을 수 있는데, 아동이 직접 전시를 하면 더욱 효과적인 전시가 가능하다. 아동은 자신의 생각이 또래친구나 성인에게 전달되었을 때 작은 성취감을 가질 수 있다. 아동이 자신과 다른 아동과의 의견을 조율하여 얻은 결론을 전시에 사용한다면 교육적 효과를 더욱 높일 수 있다.

미술재료 및 도구 정리, 보관

④ 정리 및 보관하기

아동 작품의 전시는 2~3주 정도가 적당하며 너무 오랫동안 전시할 경우 교육적 효과가 떨어진다. 전시 후 아동들이 집에 가져가거나 개인 보관함, 사물함에 보관한 후 가정으로 가져갈 수 있도록 하는 것이 바람직하다. 유아교육기관과 초등학교에서는 주별, 월별, 학기별로 개인의 작품, 파일 등을 가정으로 가져가도록 교사들이 미리 계획하는 것이 좋다.

아동들 자신이 스스로 전시를 하고 정리와 보관도 다른 아동들과 함께 협의하는 기회를 자주 갖는 것도 아동의 사회성 발달에 도움을 준다. 아동이 자신의 작품, 다른 친구의 작품을 소중히 하고 존중하는 마음을 배울 수 있기 때문이다.

(2) 장 소

아동의 연령으로 구분하여 유아교육기관의 미술영역과 초등학교의 미술교실에서 아동은 미술활동을 할 수 있다. 유아교육기관의 미술영역은 한 교실 안에 다양한 흥미영역으로 영역이 구분되며, 미술영역은 물을 사용하는 공간으로 화장실과 가깝고 건조할 수 있는 선반이나 교구장, 게시판이 유아의 눈높이에 맞게 설치되어 있어야 한다.

초등학교의 아동 미술영역은 학급 내에서 진행될 경우 미리 준비하여 다른 교과수업과 전이될 때 방해가 되지 않도록 시간을 효율적으로 계획해야 된다. 점심시간 전 또는 마지막 시간에 계획해야 아동에게 시간에 쫓기지 않는 안정적인 활동으로 전개할 수 있다. 개별적으로 미술활동을 실시할 수 있는 미술교실이 있는 경우는 햇빛이 잘 들어오는 남향, 작품을 전시할 수 있는 빨래줄이나 게시판, 넓은 작업용 책상, 다양한 재료를 보관할 수 있는 재료장, 물을 함께 사용할 수 있는 싱크대, 선반 등이 설치되어 있는 장소가 이상적이다.

교실 내 미술영역의 구성

(3) 미술재료

아동미술활동을 위해 가능한 미술의 재료는 다양하고 질적으로 좋은 것으로 준비해 주는 것이 아동의 미술활동에 즐거움을 줄 수 있다. 여기에서는 아동이 미술활동에 사용하는 기본적인 재료를 알아 보고자 한다. 활동유형에 따른 미술재료와 도구를 연령별로 구분하여 교육부(1999)는 표 8-1과 같이 제시하였다.

미술재료의 구분은 자연물, 가공물, 인공물로 구분할 수 있다(이규선 외 2인, 1995). 이에 따른 재료의 종류는 다음과 같다.

아이젠버그와 잘롱고(Isenberg & Jalongo, 1993)

다양한 미술재료

표 8-1 아동미술재료 및 도구

활동 유형	유아의 연령에 적절한 미술재료 및 도구
그림 그리기	• 3세 : 크레파스, 색연필, 도화지, 모래, 종이, 벽지, 하드보드지 • 4세 : 수성 매직펜, 색분필, 물로 지울 수 있는 분장 도구 • 5세 : 유성 사인펜, 유성 매직펜, 목탄, 볼펜, 파스텔, 나무판, 아세테이트지
물감 칠하기	• 3세 : 수성 물감, 핑거페인팅, 면도용 크림, 손잡이가 짧은 붓, 스펀지, 마분지, 돌멩이, 상자, 종이봉투, 골판지 • 4~5세 : 유성물감, 아크릴 유화, 나무에 그림을 그릴 수 있는 유액(라텍스), 페인트 롤러, 빗, 솔잎, 스프레이, 다양한 붓, 나무조각, 화선지, 알루미늄 포일, 종이접시, 아크릴판, 기름종이
찍 기	• 3세 : 제과용 틀, 다양한 병뚜껑, 고무로 제작된 블록, 스펀지, 실패, 채소, 과일, 마분지, 신문지 • 4~5세 : 골판지, 열쇠, 수세미, 고무도장, 지우개, 퍼즐조각, 플라스틱 바구니, 헤어롤, 운동화 밑창, 종이 봉투, 벽지, 포장지
콜라주	• 3세 : 밀가루 풀, 중독성 없는 접착 본드, 마분지, 골판지, 셀로판지, 휴지, 털실, 실, 리본, 비닐, 천(면, 울, 삼베, 벨벳 등), 레이스, 인조털, 가위 • 4~5세 : 공업용 접착제, 투명 테이프, 단추 자연물(씨앗, 솔방울, 조개, 모래, 나무껍질, 나뭇잎, 잡초, 대팻밥, 톱밥 등), 병뚜껑, 코르크, 색솜, 이쑤시개, 빨대, 종이냅킨, 구슬, 펀치
직 조	• 4세 : 바구니, 석쇠, 리본끈, 비닐끈 • 5세 : 원형 조직틀, 철망 울타리, 모루, 깃털, 갈대
바느질	• 4세 : 스티로폼 접시, 부직포, 리본끈 • 5세 : 그물, 망사, 레이스, 삼베, 돗바늘, 단추, 구슬, 빨대 자른 것
폐 품	• 3세 : 우유팩, 요구르트 용기, 각종 상자, 종이컵, 아이스크림 막대, 휴지속대, 필름통, 광고지, 신문, 나뭇잎, 도토리, 조개껍데기, 스티로폼 접시 • 4~5세 : 플라스틱 페트병, 빨줄, 단추, 구슬, 실패, 펠트천, 비닐, 레이스, 나무조각, 타일조각, 못, 나사, 대팻밥, 씨앗, 곡식
감상자료	• 3세 : 그림 작품, 조각품, 공예품, 그림책, 의상, 나무, 꽃, 풍경 • 4~5세 : 건축물, 판화, 서예, 사진작품, 타이포그래피, 그래픽 디자인, 자동차
시청각기기	• 4세 : OHP, 슬라이드 • 5세 : 카메라, 컴퓨터

출처 : 교육부, 1999

는 미술재료를 준비해 줄 때 고려해야 할 점으로 다음 사항을 제안하였다.

- 미술재료는 아동의 기회적 경험을 확장시켜 주는 것이어야 한다. 선, 색, 형태, 공간, 질감, 강도, 리듬, 균형, 대조, 비율 등의 디자인 요소를 경험할 수 있도록 다양한 재료를 준비해 준다.
- 미술재료를 가능한 아동이 풍족하게 사용할 수 있도록 부담 없이 준비할 수 있는 것

표 8-2 미술재료의 구분

구 분		일반적인 미술재료	탐색 가능한 미술재료
자연체	자연물	나뭇잎, 수수깡	짚, 보릿짚, 밀짚, 새끼, 왕골, 싸리, 처덩굴, 곡식, 씨앗, 왕겨, 옥수수껍질, 수세미, 솔잎, 솔방울, 열매, 조롱박, 야채, 과일, 달걀껍질, 조개껍질 등
	석 재	돌	모래, 바둑알, 조약돌, 샌드페이퍼 등
	죽 재	대나무	죽순껍질, 대나무 뿌리등
가공체	목 재	나무토막, 성냥개비, 나무젓가락	톱밥, 우드페이퍼, 나무껍질, 코르크, 나무뿌리, 베니어 합판 등
	철 재	철사, 철조각, 철판, 구리판	압핀, 머리핀, 면도날, 핀, 클립, 호치키스펀, 못, 깡통, 아연판, 알루미늄판 등
	섬 유	털실, 헝겊	실, 노끈, 머리카락, 털, 솜, 망사, 스타킹 등
	소성류	찰흙, 석고, 시멘트	찰 고무, 종이찰흙, 파리핀 등
인공체	합성류	비누 석고	양초, 기와장, 벽돌, 지우개, 스펀지, 스티로폼, 석고 등
	종 이	색종이, 켄트지, 한지, 두꺼운 종이, 갱지	신문지, 장판지, 골판지, 휴지, 셀로판지, 은종이, 금종이, 은박지, 주름종이, 기름종이, 색지, 습자지, 컴퓨터용 용지, 포장지 등
	유 리	유리판	각종 유병, 유리깔대기, 등
기타 재료		아크릴, 플라스틱, OHP용지	단추, 주판알, 구슬, 타일, 필름, 가죽, 비닐, 셀룰로이드, 비닐깔대기, 플라스틱파이브, UF, 새의깃털, 고무밴드, 염료, 각종 빈상자, 항아리 등

출처 : 이규선 외 2인, 1995

으로 한다. 폐품을 활용하고 아동의 가정에 도움을 받아 자료를 수집한다.

- 미술재료는 아동 스스로 사용할 수 있는 것으로 준비한다. 아동이 성인의 도움 없이도 사용 가능한 것으로 준비한다.
- 미술재료는 각 연령에 적합한 것으로 준비한다. 아동의 발달 수준에 맞는 것으로 한다.
- 미술재료는 좋은 것으로 준비한다. 아동의 흥미를 자극하고 적극적으로 관심을 가질 수 있는 것으로 제공한다.

4) 프로그램의 평가

아동미술 프로그램의 평가는 교사 평가와 아동의 평가로 구분하여 설명할 수 있으며, 교사와 아동의 평가기준을 제시하면 다음과 같다.

- 프로그램의 목표와 맞는 아동의 미술활동을 선정했는가?
- 활동 선택이 아동의 연령, 흥미, 수준에 맞는가?
- 활동의 실시과정에서 아동의 수준과 재료, 환경, 시간, 공간, 상호작용이 잘 이루어졌는가?
- 평가의 방법인 포트폴리오, 전시 등이 적절하게 진행되었는가?
- 확장활동을 위해 어떠한 준비와 아동의 수준을 잘 반영했는가?

3. 통합적 미술교육과정 프로그램

1) 통합적 미술교육과정의 개념

통합적 미술교육과정(integrated art curriculum)은 미술교육은 미술과 관련된 주제만으로 교육되는 것이 아니라 다른 영역과의 상호작용에 의해 아동은 총체적으로 발달될 수 있으며, 아동은 통합적으로 학습하는 것을 의미한다. 예를 들어, 아동이 요리활동을 하면서 창의적인 디자인을 할 수 있으며, 아동은 또래, 교사와 의사소통의 언어, 사회성을 발달시킬 수 있다. 또한 음악을 통해 그 느낌을 미술로 표현할 수 있다. 즉, 통합적인 미술교육과정은 다른 교과영역과의 상호관련을 통해 다양한 학습과정을 같은 주제로 통합한다는 것을 의미한다.

　미술교육과정은 다른 영역과 통합뿐만 아니라 미술교육 내의 통합도 교육내용이 된다. 재료의 탐색 후 관련 주제를 찾아 연상활동을 실시할 수 있으며, 명화 등을 감상하여 자신의 생각과 느낌을 미술표현으로 전개할 수 있다.

2) 통합적 미술교육과정의 절차

통합적 미술교육과정의 핵심은 주제 선정, 개념 및 소주제 조직, 관련 미술활동 계획, 그리고 교과영역 연결로 이루어져 있다(Korer, 2001).

(1) 주제 선정하기

아동의 발달적 특징, 흥미를 고려하여 일상생활과 관련된 아동의 주변 환경에서 주제를 선정하는 것이 적절하며, 선정된 주제는 활동이 적극적으로 전개될 수 있는 있는 가능성, 인적·물적 자원 및 충분한 시간 등이 고려되어야 한다.

(2) 개념 및 소주제 조직하기

주제와 관련된 소주제를 계획하고 주제망을 조직하여 다른 영역과의 통합으로 구성한다.

(3) 관련 미술활동 계획하기

결정된 개념과 소주제는 아동의 미술교육과정 내용에 탐색, 표현, 감상 등 다양한 미술활동이 포함되도록 한다.

(4) 교과영역 연결하기

계획된 미술활동을 각 교과영역의 활동들과 통합시키는 과정으로 선정된 주제를 중심으로 다른 영역과 연결된 활동들이 아동의 총체적 발달이 되도록 한다.

4. 학과 중심 미술교육 프로그램

1) 개 념

학과 중심 미술교육(DBAE : Discipline-Based Art Education) 프로그램은 로웬펠드
(Lowenfeld, 1947)의 창조적 표현과는 다르게 실기작품 제작과정과 미술이론의 총체적
이해를 기초로 아동들이 미술활동의 모든 것을 제작하는 것은 물론 미술 자체를 이해할
수 있도록 경험의 기회를 마련하고 인식할 수 있도록 기초를 제공하는 총체적 접근이다.

2) 목표 및 내용

DBAE는 창조(creating), 이해(understanding), 감상(appreciating) 등을 미술교육의 목표
로 삼았다. 교육내용은 크게 미술 실기와 이론 영역으로 구성된다. 실기 영역에는 제작
활동이 속하며 이론 영역에는 미술사, 미술비평, 미학이 포함된다(Isenberg & Jalongo,
1993). 이러한 목적을 달성하기 위해서 작품을 만들고 미술사와 미술비평의 기회를 가
지며 심미성을 기르는 네 가지 지식체계에 기초한다(Brutger, 1987).

- 미술작품을 제작한다.
- 미술사에 관련된 학습의 기회는 갖는다.
- 미술비평의 경험의 기회를 갖는다.
- 심미성을 기른다.

총제적 미술교육 프로그램인 DBAE의 교육방법은 부분이 아니라 전체의 이해를 필요
로 하는 포괄적인 프로그램이다. 작품의 하나만을 인식하는 것이 아니라 작품의 시대적
배경작품의 뒷 이야기, 작가의 일생 등 작품에 대한 총체적인 이해를 중심으로 교육과정
을 구성하는 것에 있다. 그러므로 아동은 교육과정 진행 동안 다양한 미술작품을 감상할
수 있는 전시관, 박물관 등을 견학하며, 예술가와의 만남을 갖고 서적을 통해 작품을 통
해 토론의 시간을 갖기도 한다.

연구자료에 의하면 아동이 미술활동 시간에 대한 제한 없이 충분한 시간을 제공하여
작업과정에 즐거움을 주는 기회를 마련하는 것이 중요하며, 미술작업 현장의 견학을 통

해 아동이 직접경험을 함으로써 창작의 기회를 갖도록 하는 것에 아동의 자유로운 미술활동을 촉진하는 것이라고 하였다.

DBAE의 평가방법을 네 개의 영역인 미술비평, 미술사, 미술제작, 미학 등의 영역으로 평가방법과 평가내용을 박화윤(2007)은 다음과 같이 정리하였다.

(1) 미술비평

- 평가방법 : 토의, 이야기 나누기, 작품 관찰
- 평가내용 : 미술작품에 나타난 주제와 미적 요소, 미적 관리를 찾을 수 있도록 했는가? 주제에 나타나는 어휘들을 사용하도록 이끌었는가?

(2) 미술사

- 평가방법 : 토의, 이야기 나누기, 작품 관찰
- 평가내용 : 아동들의 느낌과 미술작품의 느낌을 연관지을 수 있게 했는가? 미술작품에 대한 역사적·문화적 탐구를 가능하게 했는가?

(3) 미술제작

- 평가방법 : 작품
- 평가내용 : 주제에 대한 생각과 느낌을 표현하도록 했는가? 화가들의 작품에서 나타난 주제로 미술제작활동을 장려했는가?

(4) 미 학

- 평가방법 : 전시방법 관찰, 이야기 나누기, 토의 관찰
- 평가내용 : 특별한 주제를 지닌 미술품을 알아보고 구분하게 했는가? 미술작품이 주는 의미를 알 수 있게 했는가?

3) 교실환경

DBAE에서는 아동이 스스로 미술의 가치를 발견하도록 교실 환경을 준비한다. 다양한

미술 자료들을 풍부하고 변화 있게 제공한다(Schiller, 1995). 아동 스스로 미술활동을 선택할 수 있는 환경을 구성하고, 미술영역의 물적 자원들이 풍부해야 한다. 또한 예술가들을 간접적으로 학습할 수 있는 전문이론 서적들은 아동의 미술사에 대한 이해를 돕기 때문에 그림, 자료 등을 벽 또는 아동의 시선에 맞게 전시 및 비치해 놓는다.

5. 레지오 에밀리아

1) 개 념

레지오 에밀리아(Reggio Emilia)는 이탈리아의 레지오 에밀리아 시의 아동을 위한 교육체제로 말라구치(Malaguzzi)에 의해 설립되었다. 듀이(Dewey)의 진보주의, 피아제(Piaget)의 구성주의, 비고스키(Vygotsky)의 학습과 발달 이론, 가드너(Gardner)의 다중지능 이론을 접목시킨 통합적 교육방법이다.

레지오 에밀리아의 교수방법의 가장 중요한 것은 아동들이 상징적 표상활동에 가능한 많은 시간을 보낼수 있도록 하는 것에 있으며 그 과정에서 아동들이 상징적 언어의 사용을 지지한다. 아동들의 다양한 언어들은 한정된 것이 아니라 아동들의 무한적인 탐색과 다양한 표현에 의한 것들을 일컫는다. 이러한 과정에서 레지오 에밀리아 교육자들은 아동의 표현을 격려하고 적극 동참하게 되는 것이다.

2) 순환적 표상활동

레지오 에밀리아 프로그램에서의 미술교육과정은 자연스럽게 흡수되어 다른 영역과의 연계가 유기적이다. 순환적 표상활동은 사물과 현상에 대해 자신의 이론을 정립하거나 새로운 시각을 갖고 다시 접근하도록 한다. 이러한 순환적 표상활동은 주제 또는 개념의 속성을 탐색하도록 하는 매체가 된다(Forman, 1993). 즉, 자신의 그림을 통해 그 그림의 개념을 이해하고 탐구하며, 교사는 아동을 파악하고 아동의 발달에 도움을 줄 수 있다.

3) 프로그램의 특징

레지오 에밀리아의 프로그램 내용은 프로젝트 접근방법으로 미리 정해진 주제의 내용으로 프로그램이 전개되기도 하지만 예상하지 못한 아동의 의견을 100% 반영한 주제가 전개될 수도 있다.

레지오 에밀리아의 또 하나의 특징은 교육체제만을 정립하는 것에서 시작한 것이 아닌 특수아동을 포함하여 모든 아동들이 함께 참여하고, 지역사회 중심의 사회문화적인 배경과 요인들이 흡수되어 있다. 오문자(2000)는 레지오 에밀리아의 프로젝트 접근법의 특징을 재구성하여 제시하였다.

(1) 발현적 교육과정(emergent cumiculum)

미리 정해진 주제나 활동에 따라 프로젝트가 진행되는 것이 아니라 아동의 흥미나 교사의 경험에 따라 상호 협상과정을 통해 주제가 선정되고 내용이 발현된다.

(2) 표상활동(drawing to leam)

학습을 위한 그리기라고도 하며 다른 사람이 아동 자신의 그림을 보고 자신의 생각과 느낌을 이해할 수 있는 의사소통의 매개로서 아동은 아동 자신의 사고를 가시화하여 재고찰하고 반성하는 기회를 갖기 위해 그리기를 활용한다.

(3) 상징화 주기(cycles of symbolization)의 활용

레지오 에밀리아 접근법은 다상징화 접근법이다. 다상징화 접근법은 아동의 생각과 느낌을 다양한 언어로의 표상이라 보고 상징매체를 사용하여 표현하는 것을 말한다. 레지오 에밀리아에서의 프로젝트 학습은 나선형으로 전개되는데, 아동의 반성적 사고능력을 향상시키기 위한 상징화 주기는 다음의 9단계로 진행된다.

- 주기 1 : 아는 것을 말로 표현하기(생각이나 느낌을 표현하는 과정)
- 주기 2 : 첫 그리기와 토의하기(그림으로 표상해 보기)
- 주기 3 : 모의 시험(실물을 사용하여 가상활동하기)
- 주기 4 : 그림을 통해 개념 정의하기(명확한 개념인식을 위해 자세히 관찰하기)

- 주기 5 : 실제 경험하기(비체험적 활동과 체험적 활동의 비교분석)
- 주기 6 : 경험 후 그리기(실제 경험을 통해 자신의 생각과 느낌을 수정하는 단계)
- 주기 7 : 확장하기(다양한 방법의 시도로 교차양식의 표상[1]과정)
- 주기 8 : 심화하기(새로운 도식 향성의 단계로 자신만의 생각을 수정하여 다른 사람과 이해의 과정)
- 주기 9 : 발전된 확장과 심화하기(심화과정으로 확장적 사고의 과정)

(4) 다상징화(multi-symbolization)

한 가지 상징체계로만 표상할 때보다 다양한 매체를 통하여 다각도로 표상(예 : 언어, 몸짓, 그리기, 만들기)할 때 새로운 관점이나 개념들을 이해할 수 있게 된다. 각각의 매체는 매체마다의 표상적 잠재력이 다르기 때문에 표상과정에서 서로 다른 인지과정이 일어난다.

(5) 의사소통이 될 수 있는 표상방법의 사용

자신의 생각을 다른 사람이 이해할 수 있도록 표현하는 의사소통적 표상을 강조한다. 이러한 과정을 도와주기 위하여 미술교사(atelierista)는 표상자료나 도구의 사용방법을 지도한다.

(6) 사회적 상호작용의 강조

사회적 상호작용 상황에서 교사는 아동의 말, 몸짓, 표상 과정을 관찰하여 아동의 근접발달 영역(ZPD : zone of proximal development) 내에서 적절한 질문과 피드백을 제공한다. 주제와 관련하여 아동들이 공동의 목표를 향해 문제를 공유하고 문제해결을 위한 논의과정에서 사회·인지적 갈등을 경험할 뿐만 아니라 타협안을 도출하게 된다.

(7) 기록화의 활용

아동들의 활동과정을 체계적으로 기록한다. 그룹 토의의 내용을 녹음하거나 슬라이드, 사진기, 비디오로 찍고 아동들이 만든 표상결과를 수집, 전시한다.

---

1) 교차양식 표상(cross-modal representation) : 비시각적 경험(소리)을 시각적 표상(그림)으로 나타내는 것.

아동미술교육의 대안

Chapter 9

아동미술교육의 대안

1. 아동미술교육의 실태

현재 아동미술교육에서 가장 큰 문제점으로 대두되는 것은 미술수업이 창의성이라는 명목 아래 방임으로 흐르고 있다는 점과 반복적인 기술습득교육을 시키면서 물리적·인적 환경이 아동들에게는 충실을 기하지 못하는 원인에 있으며, 아동의 타고난 감수성을 더욱 예민하게 하고 미적 체험을 심화시키지 못하고 있다. 또한 다양한 학습환경에 노출된 아동들은 예술적 감각보다는 인지발달에 치중된 영역에 많은 시간을 보내고 있어 아동들의 감각을 발달시키는 영역들은 유아교육기관에서의 활동으로 그치기 쉽다. 게다가 다양하고 복잡한 분야를 다루어야 하는 현장에서는 시간 부족, 공간 부족 등으로 인하여 유아교육기관의 미술교육이나 초등학교에서의 아동미술교육이 제대로 진행되지 못하고 있음을 현장에서는 느끼고 있다.

아동의 감수성을 자극시켜 잠재적 능력을 키울 수 있는 주변의 모든 자원의 적극적인 활용으로 아동의 창의성을 계발시키고 성장시킬 수 있는 방법들에 대해 의식을 새롭게 하는 일이 무엇보다도 중요하다.

미술교육에서의 창의성이란 아동의 자율과 권리, 책임을 존중하는 것이 우선이며 그 선택권이 아동에 있음을 인식하게 하는 것이다. 즉, 창의성 교육은 아동이 사물이나 사실을 개인이 지닌 독특한 흥미나 관심, 경험 및 대상에 대한 주관적인 생각과 느낌에 따라 개개인이 받아들이는 정도, 수준, 흥미 등이 다르다는 것을 인정하는 교육이라고 말할 수 있다.

　세계의 아동미술은 창의성 교육의 목표와 방법을 높이 평가하고 있으며, 미술교육에서는 거의 전적으로 선택하여 실시하고 그 외의 모든 과목에서도 선택하여 활용하고 있다. 우리나라 미술교육도 이와 같은 창의성 미술교육의 진의를 알고 선택하여 실시하고는 있지만, 실질적인 교육 풍토는 창의적인 인간으로서의 남다름을 추구하도록 그들을 돕기보다는 정형화하고 있다.

　표면적으로는 창의성 중심을 그 목표로 두고 있지만 실질적으로는 표현기능에 치중하고 있는 것이 현실이라는 것이다. 바른 창의성 미술교육을 위해서는 이해, 비판적 사고, 감상능력, 기술과 관련의 습득도 필요하지만 우리네 미술교육 현실은 그저 크레파스와 종이를 주고 마음대로 그리라고 하는 허용적이고 자유스러운 분위기만 조정해 준 창의성 미술교육이었던 것이다. 미술수업은 교사의 지도 아래 고정적으로 단순히 말하고 아동은 일방적으로 듣고 그냥 그리기 위주의 시간이며 아동 중심의 미술교육이었다기보다 교사 중심이었으며 활동보다는 지식과 기술 중심이었다고 할 수 있다. 또한 통합교육에서 미술이 차지하고 있는 비중은 고학년으로 갈수록 다른 수업에 비해 많이 협소하며 그림의 주제도 단원의 주제와 맞추느라 제대로 된 미술수업보다는 전체 수업활동에 맞추어 미술이 가지고 있는 장점을 나타내지 못하고 있는 실정이다. 그리고 한 명의 교사가 많은 과목을 담당하다 보니 모든 교과목을 심도 있게 신경 쓰기 어렵고 미술수업은 반복되는 프로그램과 거기에 따른 결과물 완성 위주의 수업으로 교과가 진행될 수밖에 없고 아동들은 미술에 대한 흥미를 잃게 되는 실정이 반복되고 있다.

　이러한 가운데 미술교육의 문제점을 해결하려는 적극적인 노력들은 많았으나 아직까지 해결되지 못한 교육문제의 실마리를 찾는다면 아동미술교육의 문제가 해결될 것으로 본다. 많은 곳에 설립되어 있지는 않으나 아동을 위한 전문적인 미술교육센터를 조직, 운영하여 문제점을 체계적으로 접근하여 문제를 해결하고 외부와의 교류를 증진해 나가는 개선방향이 무엇보다 중요하다.

2. 아동미술교육의 문제점과 대안

아동미술은 아동 자신의 모든 것을 표현할 수 있는 장이다. 실제 교육현장에서 아동의 창의적인 가능성을 키우기 위해 아동에게 강요되고 있는 미술교육의 문제점을 논하려고 한다.

- 아동미술에 대한 교사의 전문적인 지식이 부족하여 교수방법이 제한되어 있다.
- 아동의 미술교육을 위하여 과도한 미술교육과정을 구성하고 있다. 그 결과 짧은 시간에 결과물을 만들어 내야 하는 부담과 아동의 작품에 교사가 직접 나서서 작품을 만드는 경우가 많다.
- 많은 교육기관에서 아동미술 심리를 이용한 아동의 그림의 해석을 잘못 인식하거나 과도한 해석으로 인하여 아동과 아동의 부모에게 심리적 부담감을 주고 있다.
- 획일화된 미술결과물의 요구로 창의성이 결여되어 있다.
- 미술활동에 대한 충분한 탐색과정이 없이 바로 미술활동으로 이어져 아동과 교사가 미술교육에 대한 기초적인 지식을 쌓기가 힘들다.

이처럼 아동미술의 문제점은 근본적인 것에서부터 시작된다. 현장에서 교육에 있어 가장 중심이 되는 미술교사의 교사교육과 교사 자신의 전문적인 지식의 습득을 위한 노력을 시작으로 교수방법의 다양화가 요구된다. 교수방법의 개발에 연구가 시급하다고 하겠다. 무리한 교육과정의 구성은 아동의 발달에 부정적인 영향을 주므로 아동의 발달에 적합한 교육과정을 구성해야 한다. 또한 각 분야가 서로 유기적 관계를 형성하는 가운데 문제점을 해소해 나가야 할 것으로 판단된다. 특히, 그러한 관련 속에서 창의성 미술교육을 향해 다양한 관련 연구가 장·단기적으로 기획되고 분야별로 신중히 계획, 수행되어야 하는 것이 시급한 과제가 된다.

미술교육의 바람직한 예로 백중렬(2006)은 아동의 뇌 교육과 미술교육의 상호관련성을 연구하였다. 아동의 뇌의 발달단계에 따라 미술교육을 지도하는 것이 바람직하다고 하였으며, 어린이가 사용하는 손의 협응력을 고려하여 재료를 제공하는 것이 중요하다고 하였다. 종이접기를 아동 스스로 할 수 있도록 환경을 제공하고, 아동이 미술활동을 통해 과거, 현재, 미래를 여행할 수 있는 기회를 가능한 한 많이 제공하는 것을 제안하였다. 마지막으로 아동미술교사는 아동, 학부모에게 아동의 작품에 대하여 전달할 수 있는 전문적인 지식의 습득을 위해 노력해야 한다고 하였다. 즉, 아동의 발달을 자극하는 전문적이고 체계적인 미술활동을 아동에게 적용하여 아동의 잠재된 창의성을 발견하고 기르는 것에 강조점을 둔다고 할 수 있을 것이다.

미술활동은 아동의 창의적인 언어이다. 창의적인 언어로 새로운 영역을 생성시키고, 발달시킬 수 있는 가능성을 길러준다. 이러한 가능성과 체계적인 미술교육의 다양한 프로그램의 개발과 적극적인 현장의 참여, 미술교육의 학문적 연구도 함께 실행된다면 아동미술교육의 정체성을 높일 수 있을 것이다.

Chapter **10**

아동미술 감상활동

Chapter **10**

아동미술 감상활동

1. 감상의 의미

미술은 인간 정신의 표현이다. 따라서 미술작품을 감상한다는 것은 그 작가와 만나는 일이다. 미술 감상활동은 미술활동의 중요한 내용으로서 감상의 사전적 의미는 '예술작품을 감각적 형식과 표현 내용의 전체에 걸쳐서 음미하고 즐기는 것' 이다. 이는 단순한 지적·분석적 이해나 개인적인 선호도에 의해서 반응되는 정서적 태도와는 구분되는 것이다. 아동미술은 아동 자신과 그의 환경에 대한 심상의 표현이며, 사물 그 자체가 아니라 사물에 대한 아동 경험의 표현이다. 그러므로 우리 자신을 아동화와 동일화시킬 수 있을 때 그 작품을 이해하고 감상할 수 있다.

작품은 작가의 생명과 경험, 사상의 솔직한 표현이기 때문에 감상자는 이 전달된 가치를 공유하려고 노력하여야 한다. '표현' 은 외부 자극을 통하여 자신의 내부 정서를 능동적으로 드러내는 것을 의미한다. 아동의 미술표현에는 자신을 중심으로 주변과 관계 짓는데, 이를 통한 다양한 사고들의 변화와 성장이 반영된다. 표현은 일반적으로 감각과 지각을 동원하는 종합적인 내면의 표출이다. 따라

쇠라 〈라 그랑자트섬의 일요일 오후〉

〈라 그랑자트섬의 일요일 오후〉는 일요일 오후 센 강변에서 휴일을 즐기는 사람들을 표현한 것이다. 그림은 붓으로 자연스럽게 터치한 듯 보이지만 가까이서 보면 수많은 점들로 그려졌다는 것을 알 수 있다. 작가 쇠라는 이 그림을 완성하는 데 4년이라는 시간이 걸렸다고 한다. 이 기법을 '점묘법' 또는 '색채분할기법' 이라고 한다.

서 표현되는 세계는 독자적이고 주관적인 것이 되며, 표현한다는 것은 자신을 초월한 확산적인 속성을 지니게 된다.

미술은 시간과 공간의 예술로서 인류가 발생한 시대로부터 오늘에 이르기까지 민족특유의 문화유산을 남기면서 변천해 가고 있다. 우리들은 주변의 수없는 문화유산과 더불어 끊임없이 창조활동을 계속해 가고 있으며, 장래 문화 발전에 미치는 자원의 기초로서 올바르게 예술을 감상하는 안목을 지녀야 할 것이다.

물론, 작품의 배경을 이루는 시대적 상황과 작가의 세계관 그리고 현대 예술의 상황을 이해하는 것도 배제할 수는 없지만, 작품을 진지하게 대하고 시각 체험을 통해서 마음속 깊숙이 감동될 수 있다는 것이 더욱 중요하다.

아름다움이란 단지 객관적으로 주어진 대상의 속성이 아니라, 대상을 보는 마음속에 깃든 것이다.

그 작품을 보는 사람은 작가 특유의 사상과 감정을 그 작품 속에서 느낄 수 있어야 한다.

2. 감상의 필요성

아동미술에서 표현과 감상, 이해는 서로 유기적인 관계가 있으며, 특히 아동들이 표현한 작품을 감상해야 하는 필요성은 다음과 같다.

· 그림을 통하여 아동과 부모, 교사가 서로 의사소통할 수 있는 공간이 될 수 있다. 언어로 자신의 느낌이나 감정을 전달하기 어려운 아동에게 그림은 하나의 돌파구가 된다.

김홍도 〈씨름〉

씨름은 우리나라의 전통놀이로 삼국시대부터 지금까지 민속놀이로 전해 내려 온다. 조선시대 때는 왕족부터 평민까지 즐겼다.

명화 속의 인물 관찰하기

· 엿을 파는 엿장수가 있는데, 많이 팔았을까?
· 부채로 얼굴을 가린 사람은 누구일까?
· 머리를 길게 딴 사람은 누구일까?
· 작은 갓을 쓴 사람은 누구일까?
· 큰 갓을 쓴 사람은 누구일까?

- 아동에게 잠재되어 있는 능력을 개발할 수 있다. 아동들의 그림을 이해하면 아동의 관심사와 환경, 특성을 이해할 수 있어 그림을 통해 아동의 재능을 짐작해 볼 수 있다.
- 다양한 관점의 비판능력이 길러진다. 아동들은 친구의 그림을 감상하면서 친구의 생각을 읽을 수 있고 친구와 자신의 생각차이도 느낄 수 있다. 자신의 작품이나 타인의 작품을 보고, 느끼고, 생각한 것을 언어로 정리해 봄으로써 자신의 의견을 객관화하고, 타인의 생각을 존중하는 인간관계를 형성하며 의사소통의 수단이 되는것이다.
- 표현능력 발달에 기여한다. 아동은 감상을 통해서 미적 가치를 이해하므로 작품 제작에 대한 새로운 아이디어를 얻을 수 있다 .
- 조형감각의 발달에 기여한다. 조형감각은 아름다움을 느낄 수 있는 마음이 바탕이 되기 때문에 자연이나 조형품의 감상을 통해 내면의 세계를 신장시킨다.
- 문화의 이해에 기여한다. 조상들의 미술작품을 감상함으로써 그 시대의 생활양식이나 정신세계를 이해하게 되어 민족문화의 맥을 주체적으로 이어가고, 또한 인류가 남긴 미술품을 감상함으로써 서로 다른 풍물과 문화도 이해하게 된다.

현대사회에 살고 있는 유아들이 감상활동을 통하여 복잡한 시각 환경에 보다 능동적으로 대처하는 능력의 획득과 동시에 인류가 남긴 위대한 문화, 예술작품을 바르게 수용하며, 보다 풍요롭고 다양한 삶으로 영위하기 위해서는 바른 감상활동으로 보는 방식의 습득이 필요하다.

1) 미술 감상활동이 갖는 교육적 가치

(1) 미적 안목이 길러진다

감상활동을 통해 시 · 지각의 힘이 증진되고 사물과 환경의 관계에 대한 개념이 형성되어 가치판단이 이루어지고 미의식이 발달된다.

(2) 상상력 · 창의성을 발달시킨다

감상활동은 시각을 통해 이미 가졌던 경험과 지각개념들 간의 연합 및 연상 등을 가지게

다빈치 〈모나리자〉

그림을 보고 아동에게 질문을 하여 감상활동 촉진시키기

명화 속의 인물되기
• 모나리자는 어디를 보고 앉아 있을까?
• 모나리자의 표정을 따라해 보자.
• 모나리자는 무슨 생각을 하고 있을까?

이러한 질문을 통해 아동들과 이야기를 나누고 아동의 생각과 느낌을 글 또는 그림으로 표상해 볼 수 있도록 한다.

하므로 창의성 발달에 기여한다.

(3) 오감각 및 정서를 풍부하게 한다

아름다운 대상과의 접촉은 미적 감성을 예민하고 풍부하게 하므로 미적 정서 및 가치관을 확립한다.

(4) 문제해결방법을 터득하게 한다

체제에 대한 이해 및 견문의 확장과 작품 간의 비교를 통해 문제인식 및 해결방법을 터득한다.

어려서부터 작품을 보고 그 느낌을 솔직하고 정확하게 말로 나타내는 습관을 들이도록 하며, 발표력을 길러 타인의 감정을 인식하고 분별하는 능력을 기르도록 하여야 한다.

3. 감상 태도

작품이란 사물 자체를 표현한 것이 아니라, 사물을 통하여 작가의 사상이나 감정, 그리고 사물과의 관계를 표현한 것이다. 그러므로 우리 자신을 작품과 동일화시킬 수 있을 때에야 비로소 그 작품을 이해하기도 하고 감상할 수도 있는 것이다.

작품을 대할 때는 진지하게 마음의 대화가 이루어져야 한다. 그렇게 함으로써 나 자신이 그 작품의 작가가 되어 주제와 재료, 기법 등을 살펴보면서 그 작품 속에 깊숙이 몰입될 수 있는 것이다. 이러한 감상의 태도가 나 자신과 작품과의 접근을 더욱 쉽게 이룰 수 있다.

감상교육의 바람직한 태도는 교사의 주관적인 감상방법의 개입이 아니라 상호 교감할 수 있는 공감대의 형성을 필요로 한다. 감상은 표현활동과 함께 이루어지므로 아동화나 아동 입체 조형작품을 감상할 때는 아동의 심리적 세계 및 복합적 발달과정에 더욱 깊은 관심을 가져야 하고, 작품의 가치를 신중하게 받아들여야 한다.

아동의 작품을 대할 때는 개성과 창의성을 중시해야 하며, 개념화되고 틀에 박힌 그림의 표현과 그들의 심리 상태가 솔직하게 표현된 개성적인 표현과의 차이점을 구별할 수 있는 식별력을 갖추어야 한다. 그리고 아동작품의 감상에서는 '상상력이 풍부한가?', '재료의 특성을 주제에 맞춰 심도 있게 표현하였는가?' 등을 관찰하는 것도 중요하다. 작품감상은 다음 작품의 새로운 자극제가 되어 미술의 이해를 돕고 자발적·창의적 표현활동으로 이어지기 때문이다.

아동의 관심 범위는 아동의 발달수준과 환경에 따라 변하기 때문에 작품에 보다 밀접하게 접근시키기 위해서는 무엇보다 먼저 아동을 감상작품과 동일화할 수 있도록 해야 한다. 단순히 미술작품의 내용을 알아보기 위한 감상은 별로 가치가 없다. 그렇게 하는 것은 육체로부터 정신을 분리시키는 것과 같다. 육체와 정신은 서로 떨어져서 존재할 수 없다. 따라서 아동의 의도와 동일화하려고 노력할 때 우리는 그의 작품을 보다 잘 이해하고 감상할 수 있을 것이다.

뭉크 〈절규〉

그림의 절규하는 사람(주인공)은 작가 자신 뭉크, 현대 사회의 모습을 의미한다. 하지만 비평에 따르면 너무나 절박하고 처절하기에 오히려 생존의 희망이 꿈틀거린다는 것을 의미하기도 한다고 한다. 그림 속 인물이 어떤 모습일까? 왜 그럴까?

그림을 보고 느낀 아동들의 생각
- 길을 잃어버렸나봐요. 그래서 무서워하는 표정이에요.
- 친구가 방귀를 뀌었어요. 방귀소리가 너무 커서 깜짝 놀라는 표정인 것 같아요.
- 갑자기 괴물이 나타나서 무서워서 그래요.
- 숙제를 해야 하는데 숙제가 너무 많아서 괴로워요.
- 배를 탔는데 배가 어지러워요.

4. 감상방법

우리는 아동이 미술적 대상과의 만남을 어떤 만남이 되도록 배려해야 되는가? 아동이 미술을 만나는 것은 자율적인 '자신만의 생각이 가능한 것'에 대한 만남이어야 한다. 아동을 획일적으로 묶고, 한 가지 답을 구하고 있지 않은지 점검이 필요하며, '자신이 이해하는' 미술적 세계를 돌아볼 수 있는 기회를 만들어 주어야 한다. 예를 들어, 아동이 바다를 그렸다고 하자. 다른 아동들은 해를 화면 위쪽에 그렸는데, 한 아동이 바다 밑에 그렸을 때 감상자는 그 아이에게 우울적인 면이 있지 않나 심각해진다. 그러나 아동에게 이유를 물어보면 "해가 지고 있기 때문에"라고 명쾌하게 대답한다.

'표현'은 외부 자극을 통하여 자신의 내부 정서를 능동적으로 드러내는 것을 의미한다. 아동의 미술표현에는 자신을 중심으로 주변과 관계하는데, 이를 통한 다양한 사고들의 변화와 성장이 반영된다. 표현은 일반적으로 감각과 지각을 동원하는 종합적인 내면의 표출이다. 따라서 표현되는 세계는 독자적이고 주관적이 되는 것이다.

아동화를 대할 때는 그들의 심리적 상태와 창조성을 중시해야 한다. 단순한 그림책을 모방한 개념화되고 틀에 박힌 그림과 그들의 심리 상태가 순수하게 표현된 개성 있고 창의적인 그림과의 차이점은 구별할 수 있어야 한다. 또한 중요한 것은 편견 없는 마음가짐이다. 이것이 작품을 감상하는 기본자세이며 방법이다.

감상자의 주관적 감정에 의하여 감상되는 것보다 그린 사람이 표현하고자 하는 의도나 심정을 객관적으로 이해하려고 하는 태도가 중요하다. 작품 속에서 작가의 의도를 읽을 수 있고, 그 나름대로의 아름다움과 가치를 찾아내고, 그 속에 도취될 수 있다면 그것이 곧 바람직한 작품의 감상활동이 되는 것이다.

작품의 감상방법은 첫째, 작품의 대상적 흥미에서 시작되는 경우가 많다. 이것은 작품의 외면적 부분을 통하여 내부의 정신적 작용에 접근하려는 경우이다. 둘째는 문헌적인 지식에 의하여 작품이 제작된 동기나 환경, 작가의 성격, 시대성, 민족성 등을 감상해 나가는 경우이다. 이 두 가지 경우를 거듭함으로써 미적 감각이 예민해져서 차츰 작품 감상의 안목이 생겨 작품의 예술성과 미적 본질을 맛볼 수 있는 경지에 도달하게 되는 것이다. 이것이 곧 감상의 방법이다.

특히 아동화에서는 주제를 구체적이고 대담하게 잘 표현하는 것이 좋은 작품이라고 할 수 있다. 주제는 당연히 내용과 관련이 있다. 어떤 수준의 표현에서도 그 모든 주제에는 다양한 종류가 있어서 사회적, 종교적, 역사적, 자연적, 추상적, 개인적으로 그 주제를 선택한 동기와 감정을 모르고서 그의 의도에 공감하고 바르게 감상한다는 것은 어려운 일이다.

이러한 주제를 어떻게 표현하였는가, 색채는 어떻게 표현하였는가, 상상력은 풍부한가, 창의적이고 개성적인 표현인가, 선은 대담한가, 정서성은 풍부한가, 재료의 특성을 잘 표현하였는가를 관찰하는 것도 중요한 감상활동인 것이다.

아동의 그림 속에서 그들이 표현하고자 하는 의도나 심정을 찾아내어 공감대를 형성할 수 있도록 노력해야 한다.

아동미술치료

Chapter **11**

아동미술치료

1. 미술치료의 개념

미술치료는 미술과 치료라는 두 가지 영역의 만남으로 이루어진 것이다. 미술은 창작활동과 기법, 매체를 이용하면서 자기를 이해하고 자신의 성장과 자가능력 부여 등에 중요한 영향력을 갖게 되는 힘이 있는데, 이것이 치유적인 힘이 된다. 이를 통해 인간의 내면의 상처와 왜곡된 심리적 문제를 발견할 수 있고 이를 회복시켜 점차적으로 내면의 잠재력을 계발시킬 수 있어서 자기 성장에 도움이 될 수 있는 미술치료를 예방적 차원에서 활용하고 있다.

미술치료는 '미술을 매개로 환자를 치료하는 것'이다. 그림 그리기를 통해서 자유롭게 환자의 내면 세계를 표출하게 하고 그를 통해 환자의 내면세계를 이해하며 보다 적응적인 상태로 이끌어가는 치료방법으로, '미술작업을 통하여 개인의 정서적 갈등과 심리적인 증상을 완화시킴으로써 한 개인이 원만하고 창조적인 삶을 살아갈 수 있도록 도와주는 심리치료법'이다. 심신의 어려움을 겪고 있는 사람들을 대상으로 하여 미술작업의 창작활동을 함으로써 심리를 진단하고 치료하는 데 목적이 있다. 다시 말해, 사람의 마음, 즉 내면이 겪는 갈등을 미술의 창작활동을 통해서 우리의 내면이라고 할 수 있는 정신 세계(무의식)를 우리의 외면이라고 할 수 있는 현실 속(의식)에 작품이라는 구체적인 모습으로 표현하게 하고 표출하게 하여 심리치료를 하는 것이다.

아동들이 그려놓은 그림이나 낙서 등의 여러 미술활동을 주의 깊게 관찰하여 보면, 현재 그들의 마음 상태나 성장 발달의 정도를 파악할 수 있다. 미술은 자신의 내면 세계를 함축하고 있으며 성격이나 지능 등이 그림 속에 투사되어 아동의 심리적 상태와 특성을 평가하고 심리적 어려움을 치료하는 데 유용하게 사용되어 왔다. 즉, 그림은 아동이 세상을 어떻게 보고, 느끼고, 생각하고 있는지를 나타내 주는 세계 공통적인 언어라 할 수 있다. 논리적인 사고력과 언어적 유창성이 발달하기 이전인 11세 이하의 아동들에 있어 그림은 자신의 내면을 나타내 주는 가장 자연스러운 표현수단이다. 그림에는 말로 표현하지 못하는 느낌과 생각, 공상, 갈등, 걱정 그리고 자신을 둘러싼 세상에 대한 지각이 담겨 있기 때문이다.

특히, 언어적 표현능력이 부족한 아동이나 청소년의 심리적 문제를 이해하고 치료하는 데 커다란 장점을 지니고 있을 뿐만 아니라 성인 환자의 경우에는 언어로 표현하기 어려운 심리적 갈등과 미래에 대한 소망을 표현하는 데 미술치료가 중요한 역할을 하게 된다.

따라서 미술치료는 인격의 성숙, 자아성찰, 사고 또는 행동양식의 변화를 필요로 하는 삶에 지친 현대인이나 고민이 많은 청소년, 발달장애, 주의력 결핍 과잉행동장애, 소아암 등의 아동, 만성질환으로 인한 우울증, 재활, 치매 등의 노인성 질환 등에 많은 도움을 줄 수 있다.

2. 미술치료의 역사

미술치료의 근원은 주술적인 의미와 치료의식의 한 부분인 벽화를 그렸던 선사시대로 거슬러 올라가 상상 속의 존재에 대한 염원과 자신들의 세계와의 관계를 동굴벽화로 표현하였고, 미래에 대한 두려움과 공포로부터 자신을 보호하고 위안을 받기 위한 주술적인 목적으로도 미술작품을 창조해 왔다.

이러한 창작활동을 통하여 개인이나 집단의 안녕을 도모하는 행위는 각기 다른 문화에서도 이와 유사하게 소망, 미지의 것, 신비, 언어로 표현할 수 없는 것 등이 구체적 심상인 미술작품으로 표현되어 왔다. 사고의 발달은 이런 상징화에서부터 시작된다.

미술치료라는 용어는 1961년 〈Bulletin of Art Therapy〉 창간호 울만(Ulman)의 논문

에서 소개되었다. 여기에서 울만은 미술치료라는 용어는 '미술'과 '치료'의 합성어로 두 단어의 의미가 포함된 것이라고 하였다.

1960년대에 접어들면서 미술치료는 보다 전문적인 양상을 보였다. 1961년 미국미술치료전문지(American Journal of Art Therapy)가 창간되었고, 1966년 미국미술치료학회(AATA : American Art Therapy Assosiation)가 설립되면서 미술치료는 전문화된 영역으로서 자리를 굳히게 되었다.

미술치료는 회화요법, 묘화요법, 그림요법 등으로 사용되는 경우도 있다. 그러나 미술은 그림만이 아닌 모든 미술활동을 포함한다. 'Art Therapy'가 예술치료로 번역되는 경우도 있는데, 여기에는 미술뿐 아니라 음악, 드라마, 문학, 무용(동작) 등 모든 예술이 공존한다.

우리나라의 경우 미술치료가 처음으로 도입된 것은 1982년 임상심리와 정신의학 분야에 관심 있는 소수의 인사들이 개인적 관심과 필요에 따라 치료 현장과 연구에 활용하면서부터이다.

그 후 1992년 한국미술치료학회가 설립된 후 미술치료에 대한 인식 및 사회적 요구가 점차 증가되기 시작하였고, 1990년 후반에는 국내 대학교에 석사과정이 개설되면서부터 미술치료를 전공하는 대학원생의 수가 급속하게 증가하였다.

최근 미술치료에 대한 대중적 관심과 전문인들의 논의가 뜨겁게 달아올라 여러 학회의 활동과 교육기관에서 전문인 양성이 활발해지고 있으며, 사회 여러 분야에서 각종 미술치료 프로그램의 수요가 급증하고 있다.

3. 미술치료의 장점

미술치료는 장애 때문에 미술치료를 할 수 없는 것만 제외하고는 나이, 성별, 질병, 장애에 상관없이 모든 대상에게 적용할 수 있는 장점을 가지고 있으며 특히, 정신과 치료에서 상담을 거부하는 환자에게 유용하게 사용되고 있다. 이러한 많은 장점을 가지고 있는 미술치료의 장점을 미술치료사 와이디슨(Wadeson, 1980)이 제시한 미술치료의 장점을 정리하면 다음과 같다.

1) 미술은 심상의 표현이다

말은 표현하기 전에 먼저 심상(image)으로 사고한다. 인간은 어떤 다른 의사소통 양식보다 언어화시키는 작업에 숙달되어 있다. 언어는 의식을 외부 세계로 표출하는 도구지만, 개인이 소통하고자 했던 느낌과 생각들을 온전히 표출하지 못하는 한계를 보이기도 하고, 개인의 내면을 왜곡하여 표현하는 우를 범하기도 한다. 또한, '무의식'을 표현하기에 언어라는 도구는 큰 제한이 있다. 그래서 미술치료는 꿈이나 환상, 경험이 순수한 언어적 치료법에서처럼 말로 해석되기보다는 그린 사람의 생각과 느낌의 정신 상태나 정신 세계를 심상으로 표현하면서 무의식 상태를 알 수 있다.

2) 미술은 비언어적 의사소통수단으로 방어가 감소된다

심상과 밀접한 관련이 있는 것이 방어이다. 자신을 감추려 하는 방어기제도 대체로 인간의 의식 안에서 언어화과정을 통제함으로써 이루어진다. 환자가 의도하였던 어떤 내용은 미술매체를 통한 표현과정에서 원래의 의도와는 반대로 혹은 예상치 않았던 작품으로 제작될 수 있다.

미술은 비언어적 수단이므로 통제를 적게 받기에 말로 표현할 수 없는 생각과 느낌을 더 깊고 풍부하게 표현할 수 있다. 이러한 것은 미술치료의 가장 흥미 있는 잠재성 중의 하나이다.

3) 미술은 어떤 유형의 대상을 즉시 얻을 수 있다

미술활동을 하면서 그 활동의 결과물 자료를 즉시 얻을 수 있다. 즉, 눈으로 볼 수 있고 만져 볼 수 있는 자료가 미술활동을 한 환자로부터 만들어지는 것이다. 환자가 만든 어떤 유형의 작품은 치료자와 환자 사이에 하나의 다리가 되어 치료에 도움을 준다.

저항이 강한 치료 대상자들의 감정이나 사고 등도 미술작품을 통해 구체화되며 자신의 실존을 깨닫는다. 이때, 어떤 내담자는 단 한번의 작품에서도 자신의 감정을 느끼기도 하지만 저항이 강한 사람은 더 오랜 시간이 걸리기도 한다.

4) 미술은 자료의 영속성이 있어 자신을 회상할 수 있다

미술작품은 보관이 가능하기 때문에 환자가 만든 작품을 언제든지 필요한 시기에 재검토하여 치료 효과를 높일 수 있다. 환자 자신도 이전에 만든 작품을 다시 보면서 때로는 새로운 통찰이 일어나기도 하며, 당시의 자신의 감정을 회상하기도 하고 자신의 작품을 소중히 간직하면서 자존감을 높일 수도 있다.

즉, 미술작품이 단순한 주관적인 기억의 왜곡을 방지할 수 있다는 것이다. 또한 내담자의 작품 변화를 통해서 치료의 과정을 한눈으로 이해할 수 있으며, 치료팀의 회의에서도 작품을 통해서 객관적으로 분석하고 그 환자의 생생한 그 당시의 목소리를 감지할 수 있다.

5) 미술은 공간성을 지닌다

언어는 일차원적·시간적인 의사소통 방식이기 때문에 여러 가지 이야기를 한 번에 한 가지씩 밖에 할 수 없다. 반면에 미술표현은 문법, 통사론, 논법 등의 언어적 규칙과는 관계없이 미술의 조형요소인 공간, 색, 선, 형태들을 통해 상호관계를 표현할 수 있기 때문에 본질적으로 많은 것을 동시에 표현할 수 있는 공간적인 것이다. 즉, 미술에서는 공간 속에서의 연관성들이 발생하여 입체적으로 이해하기 쉽게 한다.

6) 미술은 창조성과 신체적 에너지를 유발한다

미술작업을 시작하기 전의 개인의 신체적 에너지는 다소 떨어져 있어 삶의 에너지가 저하되어 있지만, 미술작업을 진행하면서 토론하고 감상하며 정리하는 시간에는 대체로 활기찬 모습으로 변화한다. 이때 체내의 에너지양이 상승한다는 것을 느끼게 되는데, 이것은 단순히 신체적인 운동이라기보다는 '창조적 에너지'의 발산이라고 해석된다. 미술치료는 하나의 작업이라기보다는 생활의 의욕과 원동력을 되찾을 수 있는 통로가 되는 것이다.

4. 미술치료와 미술교육의 공통점과 차이점

미술교육과 미술교수법적 관점의 미술치료는 문제행동 및 부적응 아동을 위해 미술활동은 시지각과 손 근육을 이용하여 인지적 발달, 정서적 상태, 사회적 태도가 나타나는 재미있는 활동으로 시도한 치료적 접근이다. 미술치료와 미술교육의 공통점과 차이점을 살펴보면 다음과 같다.

- 미술교육이나 미술치료 모두 대상자가 있어 미술매체를 활용하여 미술활동을 한다는 점은 같다. 내용 면에 있어 미술교육은 예술성과 함께 적절한 테크닉교육을 주 내용으로 하지만 미술치료는 내담자(아동)와 치료자로서 교사와의 관계, 주변 사람들과의 관계 등을 핵심내용으로 다룬다.
  한 아동이 계속 똑같은 대상을 반복하여 그릴 때나 과장이나 왜곡이 두드러질 경우 미술교육적인 측면에서는 다른 대상의 표현을 통하여 미술표현력의 신장을 꾀하지만 미술치료활동은 '아동이 왜 같은 대상만 반복하여 그리는지', '그리는 대상(대상물)이 아동에게 어떤 의미가 있는지' 알아보고자 하는 데 중점을 둔다. 미술치료는 아동의 진단과 치료를 1차 목표로, 교육적 측면을 2차 목표로 하여 아동의 상황에 따른 다양한 접근으로 문제해결과 자아통합을 한다고 볼 수 있다.
- 미술교육은 학생들에게 미술에 대한 이론과 실기를 가르치며 그들의 활동에 객관적인 미적 가치를 평가하고 미술의 발전적 가능성을 단계적으로 지도하는 것이기 때문에 수업에 대한 전체 계획안이 체계적이고 구체적이다. 이에 비해 미술치료는 아동 개인에 초점을 두고 작업을 한다. 미술치료사는 미술치료를 위해 계획을 세우며 상황에 따라 계획을 변경할 수 있는 개연성이 있는 학문이므로 아동에게 미술적 기법이나 숙련을 위한 지도나 평가를 미술로 표현하는 행위와 과정이 중요시 된다. 미술치료는 미술치료사와 치료를 받을 대상과의 관계를 중요시 하며, 이러한 과정에서 미술작업에 대한 과도한 칭찬과 질책 등도 삼가고 작업 결과에 대한 평가를 하지 않는다.
- 미술치료에서 치료라는 의미는 창작활동을 통하여 그 증상이 경감되도록 돌보아 주는 것이라 할 수 있다. 아동은 미술활동을 통해 실제적인 결과에 대한 두려움 없이 긍정적 소망과 부정적 충동 양쪽을 상징적으로 충족할 수 있는데, 도구나 매체의 사

용과정에서 표현된 생각과 감정을 실습함으로써 현실 세계를 통제하는 법을 배울 수 있다.

또한 아동은 과거의 정신적 충격을 재경험할 수도 있고 미래를 연습하고 실습할 수도 있다. 따라서 이러한 창작활동과정을 통해서 현재 아동들이 갖고 있는 현실의 문제를 극복해 낼 수 있도록 이끌어 줄 수 있게 되는 것이다.

• 미술교육과 미술치료는 미술매체를 활용한다는 점은 같으나 미술치료는 매체사용에 있어 보다 폭넓고 다양하다고 할 수 있다. 미술치료는 매체사용에 있어 단순히 아동을 이해하기 위해서 매체사용을 하는 것이 아니라 내담자(아동)의 발달단계와 기본적 갈등, 문제대처방법 등을 이해하기 위해 먼저 아동의 언어적 표현은 물론 모든 행동을 포함한 비언어적 표현까지 관심을 가지고 주시하여 다양하고 적절한 매체사용을 하려고 노력한다.

• 미술교육에서 오고간 모든 활동은 항시 개방적이지만 미술치료는 위험하거나 긴급한 상황 등의 특수한 경우가 아니면 절대적으로 보호되고 비밀보장이 되어야 한다. 따라서 미술교육과 미술치료는 각각 교육과 치료에 중점을 둔 전문적 활동이라 할 수 있겠다.

미술치료에서 치료라는 것은 다른 모든 치료의 경우와 마찬가지로 변화와 개선이 선행되어야 하며, 다음과 같은 개념이 포함된다.

• 증상이 경감되어야 한다.
• 편파적인 개인을 전인격적인 개인이 되도록 도움을 주어야 한다.
• 지체된 정신발달과정을 촉진하게 도와주어야 한다.
• 남을 이해할 수 있는 보다 원만한 성격이 되도록 도와주어야 한다.
• 각자가 가지고 있는 고유한 창조성을 개발함으로써 인간의 정체성을 회복하여 삶에 의미를 가지게 도와주어야 한다.

즉, 미술치료는 미술활동을 치료적으로 활용하여 인간의 문제행동이나 잠재적 문제행동을 제거 또는 예방함으로써 인간의 적응, 성숙, 발달을 도와주는 심리치료의 한 분야이다.

5. 아동미술치료의 이해

1) 아동미술치료의 이해

미술치료를 할 때는 그림을 진단 도구로 사용한다. 그림에 나타난 표현은 그린 사람의 개인적 진술이며, 그 안에 의식적·무의식적 내용을 담고 있기 때문이다. 그림은 가장 단순하고도 풍부하게 자신을 표현할 수 있는 방법이며, 언어적 치료법을 보완해 줄 수 있는 도구가 된다.

사람의 문제는 개인이 갖고 있는 제각기 다른 정서 상태, 사고방식, 또는 행동 특성을 알아내기가 쉽지 않다는 것이다. 진단과 분석은 올바른 치료계획을 세우기 위해서 반드시 필요한 전제조건이다. 치료사는 효과적인 치료를 위해서는 내담자가 드러내는 증상은 무엇인지, 그리고 이 증상들이 지니는 의미는 무엇인지, 같은 행동이라도 발달수준이나 나이에 따라 다르게 해석할 줄 알아야 아동을 이해하기 쉽다.

치료사는 치료활동 중에 정확한 이해와 해석이 이루어져야 이를 기초로 올바른 치료계획을 세울 수 있고 이를 통해 아동의 문제를 도울 수 있다. 작품과정의 관찰은 현재의 문제에 대한 가설을 제공할 수 있다. 또한 언제 어느 부분에서 치료대상자가 분노하고, 작품을 파괴하며, 망설이고, 혼란스러워하며, 두려워하고, 슬퍼하는지, 어느 부분에서 주저하는지, 즐거워하는지, 자발적인지, 억제하는지 등의 태도를 주의 깊게 관찰하여 정서적으로 어떤 영향을 받는지 기록해야 한다.

2) 그림의 형식

(1) 공간 사용

그림의 크기는 그린 사람과 그를 둘러싸고 있는 환경과의 관계를 나타낸다. 대개 공간 사용 정도가 높은 것이 더 건강한 징후로 본다. 의기소침하거나 우울함, 극히 수동적인 아동들은 극도로 공간을 제한적으로 사용하며, 그림활동을 싫어하거나 귀찮아하는 아동에게서도 이런 현상을 찾아볼 수 있다. 열등감이 심할 경우에도 보상심리로 인해 인물을 크게 그릴 수 있다.

반면 도화지를 넘쳐 테이블 위에까지 색칠하는 것은 조증이나 충동통제에 문제가 있을 수 있으며, 이러한 아동들은 과잉 활동적, 주의집중, 정서적으로 불안정한 문제가 있고 쉽게 폭발하거나 우울해지기도 하는 등 감정의 기복이 심하다.

또한 경계나 한계에 대한 개념이 불분명해서 대인 관계에서도 의존적이거나 요구적이며 다른 사람의 일에 부적절하게 개입하기도 한다.

(2) 대상의 위치

그림을 그릴 때 항상 같은 위치에 그림을 그린다면 경직성이나 자기중심성을 엿볼 수 있다. 이런 아동은 문제 해결 방식이 경직되어 대인 관계의 어려움과 융통성이 적고 의심이 많거나 회피적이고 변화에 둔감하다.

아동이 도화지 중앙에 그리는 것은 가장 보편적인 반응으로 정상적 발달수준이며 도화지 아래쪽만 사용하는 것은 우울한 경향과 일반화된 불안정감을 보이는 것이고 도화지의 위쪽에만 그림이 그려지는 것은 아동의 감정이 들뜬 경우도 나타나지만 자신이 침체되어 있음을 과도하게 숨기고자 하는 경우나 생각이 불안정하고 성취목표를 높게 잡고 있는 경우에도 나타난다.

도화지의 한쪽 구석에 그리는 경우는 대개 부적절감이나 비관, 우울, 자기비하나 우유부단, 의기소침하고 자신감이 없는 아동에게서 볼 수 있으며, 소극적이고 의존적이며 불안한 경우가 많이 나타난다. 또한 자신감과 자기 확신이 매우 낮으며 매우 위축되어 있고 눈치를 보는 아동에게서 많이 나타난다.

때로 가장자리 때문에 그림이 잘려지는 경우도 있는데, 이런 경우 뇌손상은 없는지, 지나친 억제 경향은 없는지, 과한 행동화 경향은 없는지 살펴보아야 한다.

(3) 그림의 크기

그림의 크기는 그린 아동의 자아강도, 그려진 대상의 영향력, 인지도 등을 알 수 있다. 아동이 그린 가족그림 중 아빠에 비해 엄마가 유난히 크게 그려졌다면 실제 엄마가 몸집이 클 수도 있지만 가족 안에서 엄마의 위치가 중요하거나 비중이 크다고 볼 수 있으므로 크기는 대체로 아동이 지각하고 느끼는 각 인물의 중요도, 가족 내 심리적 위치 등을 살펴볼 수 있다.

지나치게 큰 그림은 공격적이고 과대망상적 · 충동적인 성향의 아동에게도 자주 볼 수 있으며, 충동조절이 어렵고 행동이 난폭한 아동, 반항적인 아동에게서 흔히 나타난다.

반대로 작게 그려진 그림은 불안감, 낮은 자존감과 과도한 방어기제, 부적절한 열등감, 의존적인 태도 등을 가진 아동에게 나타난다.

그러나 유치원, 초등학교 저학년 아동에게서는 흔히 볼 수 있는 정상적인 현상이므로 너무 병리적으로 해석하는 것은 지양하여야 한다.

3) 그림의 내용

(1) 완성의 깊이

그림의 완성도란 그림의 미적 성취도가 아니라 아동이 그릴 수 있는 만큼 다 그렸는가 하는 정도로써 자신의 능력만큼 그렸다면 완성도는 높고, 자신이 그릴 수 있는 것보다 덜 그렸다면 완성도는 그만큼 떨어진다고 할 수 있다.

완성도가 낮은 그림은 치료사는 왜 완성도가 낮은 것인지를 판단해야 하며, 학교에서의 다른 과제 수행도와 연결해서 판단하여야 한다.

아동들은 표현기법이 새롭고 흥미 있거나 생활과 익숙한 표현주제라면 꼼꼼하고 완성도 높은 그림을 그린다.

그림 완성도가 높은 아동은 미술활동뿐만 아니라 다른 모든 활동에도 적극적이고 능동적인 높은 성취 욕구를 가진 경우가 많은데, 단순히 성취욕구로 인한 집중된 완성인지, 아니면 아동의 내면욕구가 표출되도록 자극된 주제였는지 확인하고 다양한 주제를 제시하거나 때로는 자유화를 통해서도 살펴보아야 한다.

(2) 전체 짜임새

전체 짜임새가 질서정연하고 어떤 내적인 질서 상태를 유지하면 안정적이고 건강한 것이며 혼란스럽고 마구 헝클어진 무질서한 상태라면 주의집중과 사고력이 뒤떨어지며 성취동기가 낮거나 그리는 과정에 집중하지 못한 것으로 보기도 한다.

전체 짜임새를 파악하기 위해서는 아동의 학년별 발달단계와 아동의 표현특성을 살펴보아야 한다. 혹 전체 짜임새가 불안정하거나 떨어지는 아동은 다른 행동특성에서의 관찰과 생활측면을 종합하여 이해하여야 하며, 간혹 갑자기 짜임새가 엉성하고 변화가 보이는 아동은 가족과 생활환경의 변화 등을 조심스레 살펴볼 필요도 있다.

(3) 왜곡과 생략

아동에게 있어 왜곡이나 생략은 정상적인 것으로 간주되고 있다. 특히 그림의 발달 단계에서 자연스럽게 나타나는 것이나 지나친 강조로 인한 왜곡이 반복적으로 등장하거나 묘사된 다른 부분과 비교하여 상대적으로 파격적인 생략이 있을 경우 신체적 학대나 성적학대로 인한 외상 후 스트레스 장애(PTSD : Post Traumatic Stress Disorder)를 앓고 있는 아동의 그림에서 자주 발견된다.

폭력과 같은 외상을 경험한 아동은 자신이 당한 폭력이 어떠했는지 표현하고자 애쓰기도 하고, 자신의 상황을 설명하기 위해 그림에 왜곡을 사용하기도 한다.

아동의 그림에서 간혹 없어도 되는 부분을 그리거나 반드시 있어야 될 부분이 빠진 경우에는 생략되고 왜곡된 부분과 관련된 갈등이나 걱정이 관련되었을 뿐만 아니라 그 부분이 갖는 상징적 의미와 연관이 있다고도 볼 수 있으므로 왜 그렇게 표현했는지 아동에게 먼저 물어보고 유의해서 살펴보아야 한다.

(4) 추상적 그림

추상화 경향은 한 가지 이유에 의해 촉발된 행동으로 보기보다 몇 가지 이유가 복합적으로 작용해서 영향을 미치기도 하고 완전히 다른 이유에서 추상화라는 동일한 결말을 표출되기도 한다. 그렇기 때문에 아동의 추상화를 대할 때는 열린 마음으로 왜 추상적인 표현을 했는지 그 의미를 생각해 보아야 한다.

추상화를 그리는 이유 중 하나는 추상적인 것이 의식적일 수도 있고 무의식적일 수도 있지만 자기방어가 목적일 수도 있다. 즉, 그림에 표현될 내용이 비밀로 남아야 할 경우에 아동은 추상화를 그리고, 내용에 대해서도 은유적인 언급 이상을 하지 않는다. 또한 다른 하나는 아동 중에는 자신의 미술 실력에 대한 부담감과 비판이나 실패가 두려울 때에 추상화만을 그리기도 한다. 이렇게 그려진 추상화가 아름답다는 칭찬을 들으면 매우 흐뭇해한다. 따라서 무리한 해석보다는 아동의 즐거운 활동에 관심을 가지고 아동의 내면표출이 나타날 때까지 기다려 주는 여유도 필요하다.

(5) 주제와 제목

무엇이든 자유롭게 그릴 수 있는 상황에서 무엇을 그렸는가 하는 것은 대단히 중요하다.

또한 그림의 내용을 이해하는 데 있어서 제목이 차지하는 의미는 흥미롭고도 중요하다. 그림의 제목은 압축된 말이며, 그리는 과정 동안 아동의 관심사가 무엇이었는지 드러내 보이는 도구이다. 제목을 매개로 불분명한 그림의 내용이 이해되기도 하고, 아동과 대화의 물꼬가 트이기도 하므로 되도록 작품의 제목을 붙이도록 한다.

(6) 반 복

아동은 무엇을 반복해서 그리는 것에 의미가 있다. 주제가 반복되면 그 주제를 깊이 이해하고, 반복해서 그려지는 대상이나 반복적인 상황묘사 등에는 관심을 기울여야 한다. 색이나 수가 반복되었다면 그러한 반복이 아동의 그림 스타일 혹은 도식일 가능성과 반복된 색이나 수가 그 사람에게 특별한 상징적 의미를 가졌을 가능성을 생각할 수 있다. 의미 없이 계속해서 반복된 선은 기질적 손상을 의심해 보기도 하나, 간혹 반복적인 활동을 통해 인지적·신체적 때로는 정서적 경험을 하므로 반복적인 활동의 의미까지 확대해석할 필요는 없다.

4) 그림의 일반적 특성과 이해

(1) 눌러서 그린 정도

매우 힘을 주어 눌러서 그리는 아동은 상당한 긴장을 갖고 있거나 단호하고 힘이 세며 야망을 갖고 있거나 공격적이기도 하다. 또한 뇌염이나 간질 상태가 있을 수도 있다.

연하게 그린 경우는 부적절한 적응을 보이고 위축, 고립, 망설임, 소심함, 두려움, 불안정감을 나타내며, 에너지 수준이 낮고 우울증적 상태, 의지 상실의 경향이 있고, 학교 활동에 소극적인 아동이 많다.

(2) 획이나 선의 특징

수평적 움직임을 강조하여 그린 경우는 연약함, 두려움, 자아 보호적 경향, 여자다움을 시사한다. 수직선을 많이 강조하면 남성적인 단호함이나 경쟁력을 시사한다. 곡선은 건강한 성격이나 관습적인 것을 혐오할 수도 있으며, 직선을 강조할 때는 엄격하거나 공격적일 수도 있다.

긴 획은 통제된 행동과 억제를, 짧고 끊겨진 획은 충동적이고 흥분 잘함을, 매우 짧고 둥글며 스케치식의 획은 불안, 불확실감, 우울증, 수줍음을 나타낸다. 음영을 넣었거나 어둡게 그린 획은 불안을 나타낸다.

Chapter 12

아동미술교육의 실제

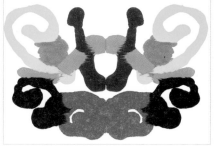

1. 평면 표현활동

(1) 선 그리기

활동명	종이 찢어 붙이기
활동목표	• 손과 뇌의 협응력, 조절능력을 키울 수 있다. • 다양한 선의 종류를 경험할 수 있다. • 창의적 선의 움직임을 표현할 수 있다.
준비물	크레파스, 도화지
활동시작 전 준비	• 크레파스, 색연필, 사인펜 등을 담아 놓는다. • 도화지를 준비해 준다.
활동방법	① 도화지를 탐색한다. • 어떤 느낌이 나니? • 도화지의 소리는 무슨 소리일까? • 도화지의 앞과 뒤는 어떻게 다를까? 등 도화지에 대한 탐색을 한다. ② 점을 찍어 주고 선을 편하게 긋도록 한다. • 선이 다양함을 이해할 수 있도록 아동들에게 제시한다. • 선의 종류를 소개한다. • 선의 종류를 보고 느낌을 이야기한다. 　－직선 : 딱딱하다, 젓가락 같다 　－곡선 : 부드럽다, 지렁이 같다, 꼬불거린다 등의 느낌을 공유한다. ③ 아동이 따라 그려볼 수 있도록 한다. • 처음 손으로 먼저 따라한다. • 색연필, 크레파스로 그려본다.
참고사항	크레파스, 색연필, 사인펜을 사용해서 선 그리기를 한 후 그린 선에 창의적인 표현활동을 한다.

(2) 종이 찢어 붙이기

활동명	종이 찢어 붙이기
활동목표	• 눈과 손의 협응력 및 조절능력을 기른다. • 다양한 색을 탐색한다. • 창의적인 표현능력을 발달시킨다.
준비물	색종이, 색지, 풀, 도화지
활동시작 전 준비	• 바구니에 색종이 색지, 풀을 담아 놓는다. • 도화지를 준비해 준다.
활동방법	① 도화지를 탐색한다. • 어떤 느낌이 나니? • 종이는 어떤 소리를 낼까? ② 색종이, 색지를 탐색한다. • 종이의 색은 어떻게 만들어질까? • 색지와 색종이의 느낌은 어떻게 다를까? ③ 색종이를 찢어서 자신이 의도한 표상을 생각하면서 종이를 찢는다. • 종이를 찢을 때 기분은 어떠니? • 내가 생각한 모양을 만들려면 힘을 어떻게 조절할 수 있을까? ④ 풀을 칠하기 전 내가 생각한 모습, 모양을 대본 후 도화지에 차례로 붙인다.
참고사항	다양한 재질의 종이를 준비하여(화선지, 신문지, 구김지, 알루미늄 포일, 복사용지 등) 준다.

(3) 종이 오려 붙이기

활동명	종이 오려 붙이기
활동목표	• 눈과 손의 협응력 및 조절능력을 기른다. • 다양한 색을 탐색한다. • 가위를 사용하는 방법을 안다.
준비물	색종이, 색지, 풀, 도화지
활동시작 전 준비	• 바구니에 색종이 색지, 풀, 가위를 담아 놓는다. • 도화지를 준비해 준다.
활동방법	① 도화지를 탐색한다. • 어떤 느낌이 나니? • 종이는 어떤 소리를 낼까? ② 색종이, 색지를 탐색한다. • 종이의 색은 어떻게 만들어질까? • 색지와 색종이의 느낌은 어떻게 다를까? ③ 색종이를 오려서 자신이 의도한 표상을 생각하면서 종이를 오린다. • 종이를 오릴 때 기분은 어떠니? • 내가 생각한 모양을 만들려면 힘을 어떻게 조절할 수 있을까? ④ 풀을 칠하기 전 내가 생각한 모습, 모양을 대본 후 도화지에 차례로 붙인다.
참고사항	• 저연령 아동에게는 모양을 오려 주고 구성하고 꾸밀 수 있게 해주면 표상활동에 더욱 효과적이며 아동의 성취감이 크다. • 고연령의 아동들은 아동이 가위를 사용하여 스스로 모양을 오려 구성하도록 하는 것은 창의력과 성취감을 높일 수 있다.

(4) 베끼기

활동명	베끼기
활동목표	• 소근육 발달을 돕는다. • 창의적인 구성능력을 발달시킨다. • 성취감을 갖는다.
준비물	A4용지, 풀, 가위, 도화지, 색연필
활동시작 전 준비	• 바구니에 도화지, 풀, 가위를 담아 놓는다. • 도화지를 준비해 준다.
활동방법	① 1명 이상의 아동이 도화지에 기본 그림을 그리고 그 그림을 오린다. • 어떤 모양을 그렸니? • 겹쳐 붙일 때 어떤 모양이 나올까? ② 다양한 모양을 단면으로 종이에 붙인다. • 색연필로 베끼기를 해본다. • 오목한 부분은 어떤 모양이 나타날까? • 볼록한 부분은 어떤 모양이 나타날까? • 본뜬 모양과 색의 느낌과 종이 붙이고 색연필로 베낀 후의 느낌이 어떻게 다른지 이야기 나눈다. ③ 오목한 부분과 볼록한 부분의 특성을 이해하고 있는지 아동들과 결과물을 가지고 이야기 나누기를 한다. ④ 다양한 사물모습을 그리고 오려 붙여서 베끼기를 해본다.
참고사항	• 다양한 모양을 오려 베끼기를 한다. • 사물의 모양 중 베끼기를 할 수 있는 것들을 수집하여 해본다.

(5) 색종이 접어 꾸미기

활동명	색종이 접어 꾸미기
활동목표	• 소근육 발달과 눈과 뇌의 협력을 기른다. • 상상력, 창의력을 발달시킨다. • 미적 감각을 기른다.
준비물	색종이, 도화지, 사인펜, 크레파스, 색연필
활동시작 전 준비	• 색종이 접기 순서도를 미리 준비한다. • 다양한 디자인의 색종이를 접할 수 있도록 준비한다.
활동방법	① 색종이를 준비한다. • 색종이의 색깔, 느낌이 어떠니? ② 주제에 적합한 색종이 접기를 한다. • 색종이 접기 순서에 맞춰 색종이를 접는다. ③ 색종이 접기 완성본을 도화지에 붙인다. ④ 색종이 접기를 한 다음 붙여 도화지를 구성한다. • 꽃을 접어 붙인 도화지에는 꽃병이나 꽃밭으로 구성한다. • 매미를 접을 경우 나무를 그린 후 그 위에 붙인다. • 넥타이를 접은 경우는 아빠의 모습을 그린다. • 집을 접어 붙일 경우는 우리집을 구성하거나 우리동네를 구성해 본다. • 동물의 얼굴을 접어 붙인 경우는 그 동물의 몸을 그려 꾸며본다.
참고사항	색종이 접기도 입체적인 경우는 모빌을 구성해 볼 수 있다.

(6) 앵무새 만들기(손바닥 찍기)

활동명	앵무새 만들기(손바닥 찍기)
활동목표	• 자신의 손 모양을 탐색할 수 있다. • 손바닥을 이용하여 하는 찍기활동을 경험할 수 있다. • 창의적 입체 구성력을 발달시킨다. • 나 자신에 대한 긍정적인 사고를 가진다.
준비물	도화지, 수채물감, 팔레트, 물, 가위, 풀
활동시작 전 준비	• 물감을 덜어 손바닥을 찍을 수 있는 접시 • 확장수업 시 다양하게 찍을 수 있는 사물들, 모양 스펀지
활동방법	① 도화지에 손을 찍는다 : 수채물감의 색을 선택하게 한 후 선택한 물감을 팔레트에 짜고 아동의 손에 묻힌다. 아동의 손바닥을 펴고, 도화지에 여러 가지 색을 찍는다. ② 손바닥 모양으로 자른다 : 물감이 마를 때까지 기다리고 다 마르면 아동과 함께 손바닥 모양으로 자른다. ③ 앵무새모양을 만들어 손바닥 모양을 붙인다 : 다양한 색의 손바닥 모양을 앵무새 몸에 붙이고 싶은 대로 붙인다.
참고사항	• 물감이 옷에 묻지 않도록 주의한다. • 물감을 손에 칠하고 장난치지 않도록 주의한다. • 가위를 사용할 때 다치지 않도록 주의한다. • 활동 후 정리정돈을 할 수 있다.

(7) 물감 떨어 뜨리기/뿌리기

활동명	붓으로 물감 뿌리기
활동목표	• 공간능력을 기른다. • 색의 혼합을 이해한다. • 소근육을 발달시킨다.
준비물	물감 12색, 다양한 크기의 붓, 도화지
활동시작 전 준비	• 주변에 물감이 튀지 않도록 넓은 공간에서 활동 • 다양한 모양 종이를 준비해 준다.
활동방법	① 깨끗한 붓을 각각의 색깔에 맞게 3~4개 준비한다. • 3~4명의 아동이 함께 할 수 있다. ② 책상이나 바닥에 신문지를 넓게 깔아 놓는다. ③ 아동이 번갈아 가면서 붓에 있는 물감이 잘 뿌려지도록 한다. • 다른 방향으로 했을 때의 물감이 떨어진 모습은 어떠니? • 천천히 지나갔을 때와 빠르게 지나갈 때의 물방울의 모습이 어떻게 다르니? ④ 종이의 재질에 따라 떨어뜨리기를 하거나 칠하기를 할 수 있다. ⑤ 건조대나 빨래줄에 걸어서 말린다. ⑥ 다양한 모양을 오려 전시한다.
참고사항	• 결과물에 다양한 미술재료를 사용해서 창의적인 표현을 해본다. • 모양으로 오려 모빌을 만들어 본다. • 곤충, 동물, 사물의 모양을 오려서 활용한다.

(8) 물감 불기

활동명	물감 불기
활동목표	• 집중력을 기를 수 있다. • 조절능력을 기른다. • 형태 및 색채 개념을 발달시킨다. • 바람의 움직임에 관심을 갖는다.
준비물	물감 12색, 도화지, 빨대
활동시작 전 준비	• 적당한 빨대를 준비해 준다(굵기 0.5cm 이상). • 빨대를 사용하는 방법을 구체적으로 설명할 자료를 준비한다.
활동방법	① 원하는 물감 색을 접시에 짠다. ② 물을 적당히 섞는다(다양한 색을 각각의 접시에 준비해 둔다). ③ 붓으로 물감을 도화지에 떨어뜨린다. • 천천히 떨어뜨렸을 때는 어떤 모양이니? • 빠르게 떨어뜨렸을 때는 어떤 모양이니? ④ 빨대나 입을 이용하여 분다. • 멀리 물감을 불 때는 느낌이 어땠니? • 바람의 방향은 어디로 움직일까? • 바람의 강약 조절을 할 수 있도록 충분한 이야기를 나눈다.
참고사항	• 너무 세게 불어서 아동이 지치지 않도록 주의한다. • 물감과 물의 양을 적절하게 조절한다. • 빨대는 너무 작게 되면 아동이 힘들어 하므로 큰 것으로 준비해 주면 좋다.

(9) 실그림

활동명	실그림
활동목표	• 봄에 피는 꽃들에 대해서 관심을 갖는다. • 창의적인 표현력을 기른다.
준비물	도화지, 실, 물감, 가위, 풀, 사인펜, 색연필
활동시작 전 준비	• 실의 굵기를 다양하게 준비해 준다. • 색 물감을 각각의 접시에 담아 놓는다.
활동방법	① 도화지를 준비한다. ② 실을 준비한다. 실에 물감을 칠한다. ③ 도화지를 반으로 접는다. ④ 잡아 당길 수 있는 실의 부분을 도화지 밖으로 빼놓고 물감이 묻은 실을 도화지의 반쪽에 놓는다. ⑤ 3~4가지 색실을 놓고 실을 놓지 않은 도화지 반쪽을 덮는다. ⑥ 손으로 누르면서 실을 잡아 당긴다. ⑦ 다시 도화지를 편다. ⑧ 편 도화지를 잘 말린 후 색연필, 사인펜으로 구성한다. ⑨ 다른 모양을 원할 경우 가위로 모양을 오려 구성한다. ⑩ 완성품을 전시한다.
참고사항	• 다양한 재료와 다양한 색으로 꽃을 표현해 보는 것도 좋다. • 실의 굵기를 다양하게 해주는 것이 좋다.

(10) 데칼코마니

활동명	데칼코마니
활동목표	• 소근육 발달을 돕는다. • 공간능력을 발달시킨다. • 색의 혼합색을 안다. • 1 : 1 대칭을 안다.
준비물	물감, 도화지, 가위, 풀
활동시작 전 준비	• 모양종이를 다양하게 준비한다. ♡□○△♧… • 대칭이 되는 사물의 그림, 카드, 이야기 나누기 자료를 준비한다.
활동방법	① 활동을 하기 전에 먼저 양쪽에 대칭이 되는 물건이나 생물을 찾아보게 한다. • 대칭은 무엇을 말하는 것일까? • 대칭이 되는 물건이 무엇이 있을까? • 대칭이 되는 모양을 그려보자. ② 아동에게 데칼코마니에 대해 설명을 한다. ③ 도화지를 똑같이 반으로 접는다. ④ 접은 반쪽에 자유롭게 물감을 짜서 표현한다. ⑤ 나머지 도화지 반을 덮어 손바닥으로 문질러 준다. ⑥ 다시 펴서 선반에 올려 놓고 말린다. ⑦ 다 말린 도화지를 전시한다. 또는 가위로 올려 모양을 내서 나비로 구성을 하거나 조형활동으로 전개해 전시한다.
참고사항	• 물감을 많이 칠하면 접었을 때 보면 많이 번지기 때문에 적당히 칠하게 한다. • 여러 모양의 데칼코마니를 해 본다. • 도화지를 미리 반으로 접어 대칭오리기를 한후 데칼코마니를 해본다. • 반만 그린 것을 가지고도 접으면 하나가 되는 것에 대한 신기함을 느낀다.

(11) 손으로 그린 그림

활동명	손으로 그림 그림
활동목표	• 손의 감각을 발달시킨다. • 소근육 발달을 돕는다. • 창의력을 기른다. • 심미감을 기른다.
준비물	물감, 도화지, 물통
활동시작 전 준비	• 색물감을 덜어 놓을 접시를 개인별로 준비한다. • 손을 씻을 수 있는 커다란 물통과 일회용 수건을 준비한다.
활동방법	① 물감 색을 다양하게 손에 묻혀 탐색해 본다. • 느낌이 어떠니? • 친구와 악수하면서 색의 혼합에 대해 관심을 갖는다. ② 손을 깨끗이 씻고 도화지에 손을 사용해서 그림을 그린다. 　이때 그림 그리기 어려워하는 아동은 밑그림을 그려도 좋다. ③ 손가락을 다양하게 사용할 수 있도록 배려한다. • 다른 손가락으로 그림을 그렸을 때 어땠니? • 어느 손가락이 가장 잘 그려질까? ④ 다양한 손가락그림의 방법을 제안한다. ⑤ 손가락 그림이 완성되면 전시하고 감상한다.
참고사항	• 도화지 이외의 다양한 재질의 종이를 사용해서 느낌이 다른 그림을 그리도록 할 수 있다. • 손으로 그리는 방법을 다양하게 창의적으로 개발할 수 있다.

(12) 배수활동

활동명	배수 그림
활동목표	• 물감과 기름의 원리를 안다. • 색의 심미감을 발달시킨다. • 생각한 것의 표현능력을 발달시킨다.
준비물	물감, 크레파스, 도화지, 붓, 물통, 팔레트
활동시작 전 준비	비밀동화를 교사가 미리 준비한다.
활동방법	① 새싹의 성장과정에 대한 동화책 또는 이야기 나누기 자료를 준비하여 들려 준다. • 아직 표상활동이 어려운 아동은 자신이 그리고 싶은 그림이나 비밀 그림을 그리도록 한다. ② 도화지에 성장과정을 기억하고 흰색 크레파스로 도화지에 비밀그림을 그린다. ③ 아동이 좋아하는 색의 물감을 붓을 사용해서 비밀그림에 색을 칠하도록 한다.
참고사항	• 그림을 그리기 어려워 하는 아동에게 즐거운 활동으로 전개가 된다. • 비밀그림으로 편지를 주고받는 활동을 할 수 있다. • 책을 만들어 흰색 크레파스로 그림을 그려 동화를 들려 줄 수 있다.

(13) 마블링으로 표현하기

활동명	마블링으로 표현하기
활동목표	• 물과 기름의 원리를 알 수 있다. • 창의적인 표상활동을 발달시킨다. • 소근육을 발달시킨다.
준비물	매니큐어 또는 마블링 물감, 도화지, 풀, 가위, 물컵 3~4개
활동시작 전 준비	모양종이를 미리 잘라서 준비해 놓는다. ♡ □ ○ △ ✿ …
활동방법	① 도화지를 준비한다. • 모양대로 잘라 준비해도 좋다. ② 준비된 물컵에 마블링 물감 또는 매니큐어를 두 방울 떨어 뜨린다. ③ 이쑤시개나 얇고 가볍고 뾰족한 것으로 모양을 만든다. ④ 작은 종이 조각 또는 도화지 조각을 물 위에 찍는다. ⑤ 묻어 나온 마블링 물감 또는 매니큐어를 잘 말린다. ⑥ 다양하게 구성해서 전시한다.
참고사항	• 동물의 모양을 본떠 그림자 놀이를 할 수 있다. • 입체적인 활동으로 전개할 때 연필통을 감쌀 수 있는 포장지로 활용할 수 있다.

(14) 물풀 그림 그리기

활동명	물풀 그림 그리기
활동목표	• 다양한 촉감을 경험해 본다. • 손과 눈의 협응력을 기른다. • 창의적인 표현력을 기른다.
준비물	물풀, 소금이나 반짝이가루, 검은색 도화지
활동시작 전 준비	• 미리 색연필, 크레파스로 그림을 그려 본다. • 전에 그린 그림과 물풀을 사용하여 그림을 비교할 수 있도록 같은 크기의 검은색 도화지를 준비해 둔다.
활동방법	① 색도화지에 물풀로 그리고 싶은 것을 그린다(진하게). • 풀을 가지고 그림을 그릴 때 느낌이 어떴니? • 풀 위에 어떤 것을 뿌리거나 올리면 잘 붙을 수 있을까? ② 준비된 소금과 반짝이가루로 골고루 뿌려 준다. • 손을 사용해서 소금과 반짝이가루를 골고루 풀로 그린 선에 닿도록 한다. • 완성된 작품을 들고 다른 아동들과 이야기를 나눈다. ③ 완성된 작품을 전시하고 감상한다.
참고사항	• 작은 조각으로 된 재료들을 수집하여 사용해 본다. • 책상에 신문지를 깔고 미술활동을 한다. • 가루가 날리지 않도록 주의해야 한다.

(15) 촛농 떨어 뜨리기

활동명	촛농 떨어 뜨리기
활동목표	• 초의 특성을 안다. • 손과 뇌의 협응력 및 조절능력을 기른다. • 물감의 특성을 이해한다.
준비물	초, 성냥, 물감, 도화지, 붓
활동시작 전 준비	• 초의 색을 다양하게 준비한다. • 촛농의 성질에 관련된 과학 정보책을 준비한다.
활동방법	① 초를 주제로 이야기를 나눈다. • 초의 탐색과정을 진행한다. • 모양은 어떻게 생겼니? • 무슨 색이니? 냄새는? 맛은? 등의 질문을 한다. • 초가 불과 만나면 어떻게 변하니? ② 충분한 이야기를 나눈 후 도화지를 준비한다(다양한 모양·재질의 도화지를 준비해 준다). ③ 초에 불을 붙이고 촛농이 생기면 도화지에 떨어 뜨린다. ④ 촛농이 굳으면 그 위에 붓을 사용해서 물감을 칠한다. ⑤ 색을 다양하게 사용할 수 있도록 배려한다.
참고사항	• 불을 사용하는 것이므로 조심해서 다룬다. • 촛농이 마르기 전에 나무 젓가락, 이쑤시개를 사용하여 다양한 창의적인 표현활동을 할 수 있다.

(16) 모자이크

활동명	모자이크
활동목표	• 눈과 손의 협응력을 길러준다. • 손의 조절능력을 발달시킨다. • 섬세함과 인내력을 기른다.
준비물	도화지, 색종이, 풀, 색연필
활동시작 전 준비	• 색채에 대한 이야기 나누기를 하면 활동 시 아이들의 색종이 선택이 다양해진다. • 저연령 아동은 미리 조각을 준비해 놓는다.
활동방법	① 색연필로 아동이 좋아하는 그림을 다양한 색으로 그리게 한다. • 미리 그림을 그리는 것은 아동이 그냥 했을 경우보다 더 성취감을 가질 수 있다. • 다양한 모양의 색종이를 찢을 수 있는 바구니에 색깔별로 준비한다. ② 여러 색종이를 준비하여 미리 찢는다. • 찢을 때의 느낌이 어떠니? • 방향을 다르게 했을 때는 어떻게 찢겨지니? • 잘 찢어지는 방향은 왜 그럴까? ③ 밑그림에 색종이를 붙인다 ④ 완성된 작품을 전시하거나 보관한다.
참고사항	• 색 감각을 길러주고 아동이 가장 자유롭게 하는 만들기가 될 수 있도록 도와준다. • 색종이 조각을 넣어둘 수 있는 상자를 미리 준비해 주는 것이 좋다(조각의 모양 종류를 다양하게 해줄 수 있다).

(17) 한지 염색하기

활동명	한지 염색하기
활동목표	• 한지의 특성에 대해 안다. • 손과 뇌의 협응력을 기른다. • 소근육을 발달시킨다. • 창의적인 사고력을 발달시킨다.
준비물	한지, 도화지, 물감, 물감접시, 물통
활동시작 전 준비	• 한국의 염색옷을 전시하거나 염색에 관련된 주제로 토론 및 이야기 나누기를 한다. • 빠르게 건조시킬 수 있는 건조제를 준비해 준다.
활동방법	① 한지의 특성을 알아본다. • 한지의 느낌이 어떠떻니? • 한지를 찢는다면 어떤 모양으로 찢어질까? • 물감과 크레파스로 그림을 그렸을 때 어떻게 다를까? 이와 같이 다양한 한지 탐색활동을 해보는 것은 아동의 미적 감각을 발달시키는 데 아주 중요하다. ② 한지를 여러 번 방향을 다르게 해서 접는다. ③ 붓을 사용하거나 팔레트의 물감을 직접 한지로 묻힌다. ④ 다양한 색을 사용한다. ⑤ 건조대나 선반에 말린 후 옷의 모양, 양말의 모양 등 다양한 모양으로 가위를 사용해서 오린다. ⑥ 완성된 작품을 전시한다.
참고사항	• 너무 많은 물을 섞지 않도록 한다. • 한지를 접지 않고 그냥 펼쳐 놓은 상태에서 다양한 색의 물감을 떨어뜨려 말리면 멋진 포장지 또는 한지 염색작품이 된다.

2. 반입체 표현활동

(1) 스펀지로 찍어 꽃 만들기

활동명	스펀지로 찍어 꽃 만들기
활동목표	• 봄에 피는 꽃들에 대해서 관심을 갖는다. • 창의적인 표현력을 기른다.
준비물	스펀지, 물감, 도화지, 컵, 빨대
활동시작 전 준비	• 조각 스펀지를 바구니에 준비한다. • 봄에 대한 이야기 나누기를 한 후 봄에 피는 다양한 꽃을 표현할 수 있도록 사진자료를 준비한다.
활동방법	① 스펀지에 원하는 그림을 그려 가위로 오려낸다. • 스펀지의 느낌이 어떠니? • 스펀지에 밑그림을 유성 사인펜으로 그린다. ② 쟁반에 물을 채운다. ③ 다양한 색깔의 물감을 쟁반에 짠다. ④ 붓으로 잘 섞는다. ⑤ 스펀지를 물감에 찍어 도화지에 찍는다. • 물감과 스펀지가 만나면 어떻게 될까? • 스펀지에 두가지 색을 차례대로 묻힐 경우 어떻게 색이 변화할까? ⑥ 신문지 위에 물감이 찍힌 종이를 놓고 말린다. ⑦ 찍혀진 무늬 위에 자유롭게 그림을 그린다. ⑧ 찍혀진 무늬로 가위를 사용해서 꽃을 만든다. ⑨ 만들어진 꽃을 빨대에 붙여 꽃병에 꽂아 놓아 전시한다.
참고사항	• 스펀지를 자를 때 가위를 조심히 다루도록 주의한다. • 물감을 적당량 묻혀 무늬가 잘 찍히도록 한다.

(2) 신문지 쿠션

활동명	신문지 쿠션
활동목표	• 창의력 및 사고력을 발달시킨다. • 성취감을 가진다. • 창의적인 입체구성능력을 기른다.
준비물	신문지, 크레파스, 뿅뿅이, 사인펜, 매직, 글루건, 골판지
활동시작 전 준비	• 여러 겹으로 할 수 있도록 넉넉히 준비한다. • 신문지 만드는 과정을 소개한다.
활동방법	① 자기가 만들고 싶은 모양을 자른다(같은 모양 2개). ② 자른 신문지 위에 자기 마음대로 꾸며 본다(양쪽 모두 꾸민다). ③ 글루건으로 신문지를 10cm 정도 남긴 후 붙인다. ④ 신문지를 꾸겨 담는다. ⑤ 글루건으로 다시 10cm 정도 남긴 부분을 붙인다.
참고사항	• 신문지를 자르기도 하고 오리기도 하고 찢기도 하는 활동 가운데 아동은 자유롭고 편안한 마음과 스트레스를 해소할 수 있다. • 오려 놓은 신문지 조각들을 바구니에 담을 수 있게 준비해 주는 것이 좋다.

(3) 고무판화 찍기

활동명	고무판화 찍기
활동목표	• 봄에 피는 꽃들에 대해서 관심을 갖는다. • 창의적인 표현력을 기른다.
준비물	고무판, 조각칼, 먹물(물감), 화선지
활동시작 전 준비	조각칼 사용법과 주의사항을 한눈에 볼 수 있도록 카드로 준비하여 제시한다.
활동방법	① 고무판에 밑그림 그리기 ② 밑그림을 조각칼로 파기 ③ 그림 위에 먹물이나 물감을 칠한다. ④ 물감을 칠한 고무판 위에 화선지를 올려 꾹 눌러준 뒤 화선지를 뗀다.
참고사항	• 고무판 대신 지우개로 만들어도 좋다. • 조각칼을 다룰 때 다치지 않도록 주의시킨다. • 물감으로 여러 색을 표현해 주어도 좋다. • 물 조절을 잘해야 한다. • 너무 얇게 파면 그림이 흐리기 때문에 조금 힘을 주어 깊이 파는 것이 좋다.

(4) 동물 가면 만들기

활동명	동물 가면 만들기
활동목표	• 아동과 함께 가면 만들기를 해봄으로써 어떤 가면을 만들 것인지 생각하는 과정에서 창의력을 길러 준다. • 만든 내용물로 놀이로 자연스럽게 연결되면 다른 아이와 친밀감을 높여 주는 상호 작용을 기를 수 있다.
준비물	빨간 색지(도화지), 가위, 풀, 색종이, 리본 끈, 색연필, 사인펜, 펀치
활동시작 전 준비	얼굴에 맞게 적당한 크기로 원을 잘라서 준비한다.
활동방법	① 아동에게 탐색의 기회를 갖도록 질문을 한다. • 좋아하는 만화가 무엇이니? • 주인공은 어떻게 생겼니? • 어떤 역할을 제일 좋아하니? 등을 물어본 후에 ② 아동의 자유로운 표현대로 색도화지를 잘라서 가면의 틀을 만든다. ③ 칼을 사용하는 눈 부분을 자를 때에는 교사의 도움이 필요하다. ④ 여러 색종이를 활용하여 꾸밀 수 있도록 아동 가까이에 배치해 준다. ⑤ 다 꾸민 가면을 아동의 얼굴에 대고 귀 부분은 맞추어 펀치로 뚫어 끈을 달아준다.
참고사항	• 가면의 크기와 눈 부분은 미리 아동 얼굴에 대 보고 가면이 아동에게 크거나 작지 않게 해야 한다. • 귀 부분에 끈을 연결시킬 때에는 가면에 테이프를 붙여 찢어지지 않도록 해야 한

(5) 무도회장 가면

활동명	무도회장 가면	
활동목표	• 형태 및 색깔 개념을 발달시킨다. • 눈과 손의 협응력을 발달시킨다. • 미적 감각을 기른다.	
준비물	도화지, 연필, 색연필, 가위, 고무줄, 송곳	
활동시작 전 준비	• 송곳은 날카로우므로 이전 과정을 다 마친 후 교사가 사용하도록 한다. • 뮤지컬, 연극 등 가면을 쓰고 하는 놀이나 활동 등을 이야기 나누기 한다.	
활동방법	① 도화지에 연필로 가면 밑그림을 그린다. ② 색연필로 밑그림을 따라 그린다. ③ 창의적으로 색칠을 한다. ④ 가위로 밑그림을 오린다. ⑤ 눈 부분을 가위로 오린다. ⑥ 송곳으로 양 옆의 끝부분을 뚫는다. ⑦ 고무줄을 끼워 귀에 맞게 묶는다. 	
참고사항	• 가면을 만들 때 아동의 눈과 얼굴 크기를 맞추어야 한다. • 칼을 사용할 때 주의가 필요하다. • 꾸미면서 스스로 생각할 수 있는 기회를 주어 연상력과 창의력을 길러 줄 수 있다.	

3. 입체 표현활동

(1) 양 핸드폰줄 만들기

활동명	양 핸드폰줄 만들기
활동목표	• 눈과 손의 협응력을 발달시킨다. • 창의적 입체 구성력을 발달시킨다.
준비물	아트폼(노란색, 하얀색), 클레이(검은색, 빨간색), 구자핀, 핸드폰줄
활동시작 전 준비	재료를 색깔, 종류별로 바구니에 담아 준비해 준다.
활동방법	① 노란색 아트폼을 반죽한다. ② 반죽한 노란 아트폼을 동그란 모양으로 만든다. • 아트폼의 느낌이 어떠니? • 다양한 모양을 만들수 있겠니? 등 아트폼을 탐색할수 있는 기회를 갖는다. ③ 하얀색 아트폼을 반죽한다. ④ 반죽한 하얀 아트폼을 조금씩 떼어서 동그랗게 만든다. ⑤ 양 모양이 나오면 검은색 클레이로 작고 동그랗게 만들어 눈동자를 붙여 주고, 빨간색 클레이로는 작게 해서 입을 만든다. ⑥ 구자핀을 꽂는다. ⑦ 핸드폰 줄을 달아주고 하루 이틀 정도 말려서 완성한다.
참고사항	• 아트폼으로는 눈 같은 섬세한 표현이 안되므로 클레이를 사용해야 한다. • 클레이와 아트폼은 한번 붙이고 떼면 자국이 남기 때문에 신중하게 생각해서 붙이는 것이 좋다. • 호기심과 흥미를 가지고 수업에 참여할 수 있고 확산적 사고를 유발시킨다.

(2) 푸른 바다

활동명	푸른 바다
활동목표	• 바닷속 생물들을 탐색해 보고 성취감을 발달시킨다. • 눈과 손의 협응력을 발달시킨다. • 창의적 입체 구성력을 발달시킨다.
준비물	빈 페트병, 물감, 고무찰흙
활동시작 전 준비	• 바닷속에 사는 물고기를 알아본다. • 빈 페트병을 깨끗이 씻어서 여유 있게 준비해 둔다.
활동방법	① 바닷속에 사는 동물들과 관련된 동화책 또는 그림 카드를 가지고 이야기를 나눈다. • 동물의 특성에 대해 이야기 나눈다. • 바닷속 생물들이 무엇인지 생각해 보고 고무찰흙으로 물고기, 오징어, 문어, 불가사리, 돌멩이, 해조류 등을 만들어 볼 수 있다. ② 만든 고무찰흙을 빈 페트병에 본드를 사용하거나 양면테이프를 사용해서 붙인다. • 어떤 모양이 되었니? ③ 페트병 안에 물을 채워 넣고 파란색 물감을 조금 섞어 준다.
참고사항	• 고무찰흙으로 만든 바다 생물들을 페트병에 붙일 때 마르면 떨어질 수 있기 때문에 처음 붙일 때 접착제로 고정시켜 주는 것이 좋다. • 호기심과 흥미를 가지고 수업에 참여할 수 있다.

(3) 나무젓가락 집 만들기

활동명	나무젓가락 집 만들기
활동목표	• 완성된 작품에 창의적으로 꾸미고 표현할 수 있다. • 자신이 만든 작품에 대해 성취감을 느낄 수 있다.
준비물	나무젓가락, 글루건, 크레파스, 네임펜, 하드보드지
활동시작 전 준비	집의 종류, 여러 가지 집의 모양 등에 대해 이야기 나누기를 한다.
활동방법	① 하드보드지를 잘라 밑에 받칠 판을 만든다. ② 나무젓가락을 반 정도로 자르고 하드보드지 위에 글루건을 이용해 네모나게 붙인다. • 어떤 모양의 집을 만들 수 있겠니? • 창문과 문의 모양은 어떻게 만들 수 있을까? ③ 네모난 집이 완성되면 그 위에 지붕을 만든다. • 어떤 모양의 지붕을 만들 수 있을까? ④ 다 완성된 후 네임펜을 이용해 집을 꾸민다. • 어떤 무늬로 만들까? • 만지니까 느낌이 어떠니? ⑤ 하드보드지에 크레파스로 색칠하고 꾸민다.
참고사항	• 나무젓가락을 자를 때 다치지 않도록 주의해야 한다. • 물감으로 집을 칠해 주는 것도 좋다.

(4) 알록달록 벚꽃나무

활동명	알록달록 벚꽃나무
활동목표	• 봄에 피는 꽃들에 대해서 관심을 갖는다. • 창의적인 표현력을 기른다.
준비물	도화지, 색연필, 화장지, 물감, 물
활동시작 전 준비	• 나무의 성장과정에 대해 이야기 나누기를 한다. • 물풀을 개인별로 준비해 준다.
활동방법	① 도화지에 나무를 그린다. • 어떤 나무를 그릴까? • 나무의 가지를 어떻게 생겼을까? ② 그린 나무를 색연필이나 크레파스로 색칠한다. • 어떤 색깔로 칠하면 좋을까? ③ 화장지를 잘게 잘라 둥글게 만다. • 휴지를 둥글게 만들었을 때 어떤 느낌이 드니? ④ 둥글게 만 화장지들을 나무그림 위에 붙인다. • 휴지를 어떻게 붙이면 될까? • 휴지조각은 무엇으로 붙이면 잘 붙일 수 있을까? ⑤ 붙인 화장지들을 자기가 원하는 색으로 알록달록하게 색칠한다. ⑥ 나무 가위를 사용하여 오려 벽면에 전시한다.
참고사항	• 다양한 재료와 다양한 색으로 꽃을 표현해 보는 것도 좋다. • 화장지 꽃을 좀더 풍성하게 해주는 것이 좋다.

(5) 수수깡으로 구성하기

활동명	수수깡으로 구성하기
활동목표	• 창의적인 구성능력을 기른다. • 형태 감각을 기른다. • 소근육을 발달시킨다.
준비물	수수깡, 이쑤시게, 가위
활동시작 전 준비	• 수수깡 조각을 크기별로 잘라 바구니에 넣어 준비한다. • 놀이터에서 실외놀이를 한 후 활동을 한다.
활동방법	① 놀이터에 대한 이야기를 나눈다. • 놀이터에 가면 어떤 놀이기구가 있을까? • 어떤 놀이기구를 좋아하니? ② 수수깡을 가위를 사용하여 적당한 크기로 자른다. • 사진이나 그림을 그려 원본그림을 보면서 구성할 수 있도록 한다. • 준비된 이쑤시게로 작은 수수깡 조각을 연결한다. ③ 놀이기구의 모습을 구성한다. • 어떤 색으로 만들 수 있을까? • 다른 모양으로 만들 수 있겠니? ④ 놀이터의 모습의 배경을 교사는 준비해 주고 아동들은 협동하여 자신의 작품을 　배치하고 전시한다.
참고사항	• 지점토, 찰흙으로도 구성할 수 있다. • 종이류를 사용하여 창의적인 표현을 할 수 있다.

(6) 필피리 만들기

활동명	필피리 만들기
활동목표	• 상상력을 기른다. • 창의적 구성능력을 기른다. • 자신감을 가질 수 있다.
준비물	페트병, 시트지, 빨대, 골판지, 뿅뿅이, 필피리(소리나는 필피리)
활동시작 전 준비	칼을 사용할 때 다칠 위험이 있으므로 미리 페트병을 잘라 준비한다.
활동방법	① 페트병 윗부분을 자른다. ② 빨대를 잘라 나팔 윗부분과 손잡이를 만든다. ③ 골판지를 자르고 빨대로 만든 나팔 윗부분의 끝을 돌돌 말아 감싼다. ④ 빨대에 골판지를 만 부분은 페트병에 맞추어 끼운다. ⑤ 반대쪽 빨대 부분에는 필피리를 끼운다. ⑥ 시트지를 이용해 꾸민다.
참고사항	• 페트병을 자를 때 주의가 필요하다. • 흔한 재료를 이용해 소리나는 나팔 장난감을 만들었을 때 즐거움과 동시에 자신감을 가질 수 있다. • 폐품의 중요성을 인식시켜 주고 연상에 의한 창의성을 기를 수 있다.

(7) 벽면 꾸미기

활동명	벽면 꾸미기
활동목표	• 다양한 방법을 활용하여 공간을 꾸밀 수 있는 능력을 발달시킨다. • 입체구성능력을 발달시킨다. • 눈과 손의 협응력을 발달시킨다. • 감상하는 능력을 기른다.
준비물	얇은 나무, 색종이, 꽃철사, 본드, 젓가락
활동시작 전 준비	• 색종이꽃을 미리 만들어서 준비해 놓는다. • 나무판이 없을 경우 두꺼운 도화지 또는 나뭇가지를 준비한다.
활동방법	① 얇은 나무판을 칼로 자른다. ② 자른 나무가닥을 서로 엮는다. ③ 엮은 부분에 떨어지지 않도록 군데군데 본드를 칠한다. ④ 색종이로 나팔꽃을 접는다. ⑤ 접은 나팔꽃에 꽃철사로 줄기를 만든다. ⑥ 젓가락 위에 꽃철사를 감아 뺀다. ⑦ 만든 작품을 연결해서 꾸민다.
참고사항	• 나무판을 자를 때 주의해야 한다. • 나무판을 엮어 본드를 붙일 때 서로 엮어 있는 부분에 살짝 붙이면 된다. • 호기심과 흥미를 가지고 수업에 참여할 수 있고 확산적인 사고를 유발시켜 준다. • 꾸미면서 스스로 생각할 수 있는 기회를 주어 연상력과 창의력을 길러 줄 수 있다.

(8) 기타 만들기

활동명	기타 만들기
활동목표	• 창의적 입체구성력을 발달시킨다. • 눈과 손의 협응력을 발달시킨다. • 성취감을 가진다. • 색깔 및 형태 개념을 발달시킨다.
준비물	라면 용기, 낚싯줄, 골판지, 색실, 뿅뿅이, 방울, 백업, 색우드락
활동시작 전 준비	악기와 관련된 주제를 다룰 때 만들 수 있도록 하며, 악기 만들기에 사용하는 재료가 부족하지 않도록 골판지, 뿅뿅이, 백업, 우드락 등을 충분히 준비해 준다.
활동방법	① 골판지를 라면 용기 크기로 자르고 중간부분에 별 모양으로 자른다. ② 우드락을 길게 자르고 라면 용기 한쪽 부분에 붙인다. ③ 뿅뿅이를 라면 용기 끝부분에 두 개를 붙이고 반대로 우드락 끝부분에 두 개를 붙인다. ④ 낚싯줄에 방울을 끼워 방울이 움직이지 않도록 한 번 묶는다. ⑤ 뿅뿅이에 방울 달린 낚싯줄을 연결해서 걸쳐 빠지지 않도록 고정시킨다. ⑥ 골판지를 이용해 기타를 꾸며 준다. ⑦ 백업을 잘라 우드락 옆 부분에 세 개씩 붙인다.
참고사항	• 낚싯줄을 뿅뿅이에 돌릴 때 뿅뿅이와 낚싯줄이 닿는 부분에 살짝 본드를 발라주면 튼튼하다. • 호기심과 흥미를 가지고 수업에 참여할 수 있고 확산적인 사고를 유발시켜 준다. • 만든 작품을 가지고 놀이를 할 수 있다. • 꾸미면서 스스로 생각할 수 있는 기회를 주어 연상력과 창의력을 길러 줄 수 있다.

(9) 문어 링 던지기

활동명	문어 링 던지기
활동목표	• 색깔 및 형태 개념을 발달시킨다. • 상상력 및 창의적 구성능력을 기른다. • 눈과 손의 협응능력을 가진다.
준비물	여러 가지 골판지, 일회용 접시, 종이컵, 색테이프, 백업, 유성 사인펜
활동시작 전 준비	바닷속 이야기가 전개될 때 아동들과 함께 문어 만들기를 하고 게임활동으로 전개되면 교육적 효과가 높다.
활동방법	① 일회용 접시에 종이컵을 밑부분에 붙인다. • 문어는 어떤 점이 특별할까? ② 여러 색의 골판지로 다리를 붙인다. • 어떤 무늬를 만들 수 있겠니? • 다리 모양의 느낌이 어떠니? ③ 백업으로 고리를 만들어 색 테이프로 감는다. • 게임을 할 수 있도록 고리를 만들려면 어떤 것이 좋을까? • 고리의 개수는 몇 개가 좋을까? ④ 유성 사인펜으로 문어 몸 부분을 꾸민다. • 어떤 무늬를 만들 수 있겠니? ⑤ 다리부분은 오리고 남은 골판지를 이용해 꾸민다. • 다리의 개수는 몇 개일까? • 다리로 무엇을 할 수 있을까?
참고사항	• 만든 작품을 가지고 놀이를 할 수 있다. • 고리를 너무 작거나 크게 만들지 말고 종이컵 둘레 2배 정도가 적당하다. • 문어만이 아닌 다른 모양으로 만들 수 있다. • 꾸미면서 스스로 생각할 수 있는 기회를 주어 연상력과 창의력을 길러 줄 수 있다.

(10) 악어 만들기

활동명	악어 만들기
활동목표	• 악어에 관심을 가진다. • 창의적 입체구성력을 발달시킨다. • 눈과 손의 협응력을 발달시킨다.
준비물	달걀판, 색지, 인형눈
활동시작 전 준비	• 동화, 새노래 등의 악어와 관련된 내용을 다룰 때 폐품을 사용하여 만들 수 있다. • 악어의 특징에 대하여 이야기를 나눈다.
활동방법	① 달걀판을 고정시킨다. • 달걀판은 어떤 모양이니? • 악어의 모양을 어떻게 만들 수 있을까? ② 고정을 시킨 후에 악어의 얼굴과 팔과 꼬리를 색지를 이용해서 자른다. • 악어의 특징을 이야기 나눈 후에 팔, 다리, 꼬리를 오려 붙인다. ③ 팔과 꼬리, 얼굴에 무늬를 넣어준다. • 어떤 무늬를 만들 수 있을까? • 무늬의 색과 모양은 어떻게 만들 수 있겠니? ④ 눈을 붙이고 꾸며 준다. ⑤ 아동과 함께 전시한다.
참고사항	• 글루건을 사용할 때 주의해야 한다. • 다양한 재료로 만들면 더욱 다양한 느낌을 가질 수 있다. • 호기심과 흥미를 가지고 수업에 참여할 수 있고 확산적 사고를 유발시켜 준다.

4. 찰흙·지점토 표현활동

(1) 지점토 항아리 만들기

활동명	지점토 항아리 만들기
활동목표	• 손을 이용하여 지점토를 주무르면서 소근육을 발달시킨다. • 여러 가지 색을 이용하여 색칠함으로써 색깔을 구별할 수 있다.
준비물	지점토, 포스터물감, 붓, 받침종이, 종이컵, 약간의 물
활동시작 전 준비	• 완성 후 전시할 수 있는 공간을 준비한다. • 연결 부분이 매끄럽게 되도록 여분의 물통을 준비한다.
활동방법	① 지점토를 탐색한다(지점토가 굳을 경우 약간의 물을 묻히며 만든다). • 지점토를 만졌을 때 느낌이 어떠니? • 지점토를 계속 주무르고 오랜 시간 동안 만들기를 하면 어떻게 변하니? • 지점토에 대한 특성을 이야기 나눈다. ② 지점토를 손으로 돌돌 말아서 길쭉한 모양을 만든다. 바닥에 종이를 깔고 그 위에 지점토를 동그랗게 항아리 모양으로 감는다. ③ 나머지 지점토를 이용하여 뚜껑과 손잡이를 만든다. ④ 건조대나 선반 위에 놓고 하루 이상 말린다. 다 마르고난 후 색을 칠한다. • 시간이 지난 후 왜 지점토는 딱딱해졌니? • 지점토가 마르는 원리에 대한 이야기를 나눈다. ⑤ 칠한 물감이 완전히 마르면 니스나 광택제를 발라 작품을 완성한다.
참고사항	• 똬리 모양으로 만든 지점토가 무너지지 않도록 지점토 안쪽에 페트병이나 우유박스로 고정을 시킨다. • 지점토에 물을 너무 많이 묻힐 경우 주위가 지저분해지고 지점토가 너무 물렁해지므로 약간의 물만 묻히는 것이 좋다. • 다양한 모양의 통을 수집하여 구성할 수 있다.

(2) 메모꽂이

활동명	찰흙으로 만든 메모꽂이
활동목표	• 소근육 발달을 돕는다. • 입체구성력을 기른다. • 자신감을 가질 수 있다. • 신체적 특징을 이해한다.
준비물	찰흙, 물감, 메모꽂이 틀, 도화지
활동시작 전 준비	• 찰흙이 마르지 않도록 비닐주머니를 준비한다. • 완성 후 전시 또는 마를 수 있도록 선반 위를 정리해 둔다.
활동방법	① 철사로 사람 모양의 심을 만든다. ② 지점토를 이용해 철사에 붙인다. ③ 입체적인 사람 모양이 마르고 난 후 색칠을 한다. ④ 두꺼운 종이판을 자르고 세워 지지대를 만든다. ⑤ 다리와 허리부분에 글루건을 이용해 지지대와 함께 붙인다. ⑥ 메모꽂이를 옆에 붙인다.
참고사항	• 여러 가지 다양한 재료를 이용해 만들 수 있다. • 실생활에 이용할 수 있는 하나의 작품을 만들었을 때 만족감과 즐거움을 느낄 수 있다.

(3) 찰흙으로 구성하기

활동명	찰흙으로 구성하기
활동목표	• 상상력과 창의력을 길러 준다. • 입체구성능력을 발달시킨다. • 눈과 손의 협응력을 발달시킨다. • 다른 사람의 작품을 감상하는 능력을 기른다. • 다양한 촉감을 경험한다.
준비물	찰흙, 색지, 조각칼
활동시작전 준비	• 찰흙이 마르지 않도록 비닐주머니를 준비한다. • 조각칼의 사용법과 주의사항에 대한 자료를 준비한다.
활동방법	① 찰흙을 양손으로 길게 만든다. ② 줄처럼 길게 만든 찰흙을 색지 위에 붙여 나무기둥과 나뭇가지를 만드는데, 손가락으로 기둥은 넓게 펴 주고 나뭇가지는 그냥 붙인다. ③ 찰흙을 조금씩 떼어서 잎을 만들어 나뭇가지 옆에 붙인다. ④ 남은 찰흙으로 여러 가지 모양을 만든다. ⑤ 만든 작품의 가지를 나무와 함께 꾸민다. ⑥ 사물함 위 또는 선반 위에 전시를 한다.
참고사항	• 다양한 재료를 이용해 만들 수 있게 해준다. • 꾸미면서 스스로 생각할 수 있는 기회를 주어 연상력과 창의력을 길러 줄 수 있다.

5. 자연물 표현활동

(1) 나뭇잎 찍기(연필꽂이 만들기)

활동명	나뭇잎 찍기
활동목표	• 소근육 및 손과 뇌의 협응력을 발달시킨다. • 완성작품을 통해 성취감을 느낄 수 있게 한다. • 창의적인 표현력을 기른다.
준비물	8절지, 여러 색의 물감, 여러 종류의 나뭇잎, 물통, 붓, 팔레트, 우유팩, 지끈, 꽃
활동시작 전 준비	• 재료가 부족하지 않도록 나뭇잎의 종류를 다양하게 준비한다. • 물감을 짜서 덜어 놓을 수 있는 접시를 아동의 수만큼 준비한다.
활동방법	① 먼저 나뭇잎을 따 온다. • 나뭇잎을 오감각의 느낌으로 이야기 나눈다. • 나뭇잎의 변화과정을 알아본다. • 나뭇잎의 색을 탐색한다. ② 찍고 싶은 물감의 색을 팔레트에 짜 놓는다. ③ 나뭇잎에 붓을 사용하여 물감을 칠한다. ④ 나뭇잎에 물감을 묻히고 8절지에 찍는다. ⑤ 따 온 나뭇잎을 각각 다른 색으로 찍어본다. ⑥ 준비된 나뭇잎을 다 찍어 우유팩에 붙인다. ⑦ 붙인 후 그 위를 지끈을 이용하여 두른 후 꽃 한 송이를 붙인다.
참고사항	• 물감을 찍을 수 있게 접시를 준비해 주는 것이 좋다. • 물감 적당량을 묻혀 무늬가 잘 찍히도록 한다. • 찍을 때는 붓을 이용할 수도 있다.

(2) 돌로 구성하기

활동명	돌로 구성하기
활동목표	• 자연에 관심을 갖는다. • 자연물에서 미적 요소를 발견할 수 있다. • 창의적인 입체구성능력을 발달시킨다.
준비물	돌, 색종이, 본드, 눈알, 유성 사인펜
활동시작 전 준비	• 적당한 돌을 바구니에 미리 수집하여 준비해 놓는다. • 색종이, 펜, 본드, 눈알, 물을 바구니에 준비해 놓는다.
활동방법	① 놀이터나 주변에서 작을 돌을 주워온다. • 돌의 모양, 특성 등에 이야기를 나눈다. • 돌의 모습이 어떤 모양 같니? 등 돌에 대한 질문을 한다. ② 돌의 모양을 관찰한다. • 손으로 만졌을 때 어떤 느낌이 드니? • 어떤 모양으로 물고기를 만들 수 있을까? • 어느 무늬가 나올까? ③ 돌에 물고기의 지느러미를 붙이고, 눈을 붙인다. • 어떤 모양의 지느러미를 만들었니? ④ 돌에 유성 사인펜을 사용하여 물고기 비늘을 그린다. ⑤ 아동들이 함께 전시를 준비한다.
참고사항	• 다른 자연물을 사용해서 구성해 본다. • 다양한 무늬를 비교해 본다.

(3) 나뭇가지 거미줄 만들기

활동명	나뭇가지 거미줄 만들기
활동목표	• 자연에 관심을 가진다. • 소근육 및 손과 뇌의 협응력을 발달시킨다. • 완성작품을 통해 성취감을 느낄 수 있게 한다. • 창의적인 표현력을 기른다.
준비물	나뭇가지, 노끈, 종이, 본드, 종이, 사인펜
활동시작 전 준비	• 나뭇가지를 수집해 놓는다. • 거미에 관련된 자료를 준비한다(책, 사진 등).
활동방법	① 거미와 관련된 동화책을 읽고 이야기를 나눈다. • 거미의 특성을 알아본다. • 거미줄의 특성에 대해 알아본다. ② 준비된 나뭇가지를 거미줄 모양으로 노끈을 사용해서 만들어 본다. • 어떤 모양이 될까? • 나뭇가지를 어떻게 거미줄로 만들 수 있을까? ③ 준비된 도화지에 거미를 그리고 가위를 사용해서 오린다. ④ 나뭇가지 거미줄에 오려놓은 거미를 글루건을 사용해서 붙인다. ⑤ 벽면이나 코너, 천장 등에 전시한다.
참고사항	• 다양한 자연물을 사용해 본다. • 나뭇가지 이외의 재료를 사용해서(예 실, 끈) 거미줄을 표현해 본다. • 미래의 거미줄의 모양을 상상해 본다.

(4) 나뭇잎 물고기 만들기

활동명	나뭇잎 물고기
활동목표	• 자연에 대해 관심을 갖는다. • 계절의 변화에 따른 나뭇잎의 변화를 안다. • 창의적인 구성능력을 발달시킨다.
준비물	나뭇잎, 비닐, 빵끈, 투명 테이프, 자연물(나뭇가지, 작은 열매 등), 유성 사인펜
활동시작 전 준비	• 마른 나뭇잎이 아닌 산책활동 후 주운 나뭇잎을 잘 수집해 준비한다. • 재료를 바구니에 준비해 놓는다.
활동방법	① 나뭇잎을 준비한다. • 나뭇잎에 대한 오감각의 느낌을 이야기 나눈다. • 나뭇잎의 변화과정을 알아본다. • 나뭇잎의 색을 탐색한다. • 나뭇잎의 모양이 어떻게 생겼니? • 나뭇잎으로 무엇을 할 수 있을까? ② 나뭇잎을 준비된 비닐 속에 넣는다. ③ 빵끈을 사용해서 물고기의 꼬리 부분을 묶어 준다. ④ 비닐의 윗부분을 물고기의 머리 부분이 되도록 접어서 테이프로 붙인다. ⑤ 물고기의 눈을 붙인다. 유성 사인펜으로 비닐을 그려 준다. ⑥ 작고 얇은 나뭇가지로 물고기를 꾸며 준다. ⑦ 옷걸이나 천장에 모빌로 전시를 할 수 있다.
참고사항	• 다른 자연물로 다른 종류의 물고기, 또는 동물 등을 표현할 수 있다. • 색깔 비닐을 사용해서 무지개 물고기의 모습을 표현하여 동극을 할 수 있다.

(5) 자연물로 나무 구성하기

활동명	자연물로 나무 구성하기
활동목표	• 자연에 관심을 갖는다. • 완성작품을 통해 성취감을 느낄 수 있게 한다. • 심미적 감각을 기른다. • 형태 및 공간의 개념을 발달시킨다.
준비물	마른 나뭇가지, 구리선, 마른 콩, 열매, 컵, 스티로폼 조각
활동시작 전 준비	• 사전활동으로 산책하기를 한다. 산책하면서 아동들과 나뭇가지, 잎, 기타 자연물을 수집해 온다. • 바구니에 종류별로 담아 놓는다.
활동방법	① 준비된 나뭇가지를 탐색한다. • 나뭇가지는 어떤 모양이니? • 나뭇가지의 변화과정을 알아본다. ② 준비된 종이컵을 색지, 색종이로 꾸미고 속에 스티로폼을 넣는다. ③ 나뭇가지를 움직이지 않도록 잘 꽂는다. ④ 작은 열매, 구리선 등을 사용해서 나뭇가지를 꾸민다. ⑤ 선반, 사물함 위에 전시한다.
참고사항	다양한 나무의 모양을 관찰하고 이야기를 나눈다.

아동미술 관련 웹사이트

도화지닷컴   http://www.dohwaji.com

세계의 명화, 한국 미술사 등 다섯 가지 카테고리로 나누어 있으며, 세계의 명화 코너에서는 총 7,000여 점의 명화가 소개되어 있다.

아트와이즈 서울   http://www.artwise.co.kr

작가와 작품에 대한 설명이 있다.

아이그린미술연구소   http://www.igart.com

창의적 아동미술교육 프로그램 개발, 표현기법, 평면, 입체재료 등이 소개되어 있다.

한국아동미술   http://www.artedu.net

교사연수-아동미술교육 교사전문강좌가 개설되어 있으며, 교수방법이 소개되어 있다.

전국미술교과모임   http://www.artt.org

전국의 교사들이 만들어 가는 미술교육, 초·중·고 미술지도안, 참고자료, 학생작품, 미술교육 소식을 받아 볼 수 있다.

맹범호   http://www.art2me.org

명화 작품 소개, 미술활동 지도안, 그림자료 등이 소개되어 있다.

미술교실   http://www.teacherpia.net/art

톱밥, 소금, 알코올, 커피 등을 이용한 미술작품과 제작과정이 소개되어 있다.

발로 그리는 미술교실   http://www.footart.co.kr
아동들과 함께 곳곳의 박물관 및 미술관을 답사한 곳이 소개되어 있으며, 작품을 통한
감상활동, 월별 미술활동 내용이 소개되어 있다.

학회 및 연구회 웹사이트

- 초등미술교육연구회   http://www.misullove.com
- 한국미술연구학회   http://www.grimmaul.com
- 한국색채연구소   http://www.kcri.or.kr
- 한국미술치료학회   http://www.korean-arttherapy.or.kr
- 한국표현예술심리치료학회   http://www.keapa.or.kr
- 문화관광부   http://www.mct.go.kr
- 한국문화예술위원회   http://www.arko.or.kr
- 한국문화관광연구원   http://www.kcti.re.kr
- 사단법인 한국문화센터연합회   http://www.hanc.co.kr
- 세종문화회관   http://www.sejongpac.or.kr
- 예술의 전당   http://www.sac.or.kr
- 문화재청   http://www.cha.go.kr
- 독립기념관   http://www.independence.or.kr
- 한국문화재보호재단   http://www.fpcp.or.kr

참고문헌

교육부 (2000). **유치원 교육활동 지도자료 총론**. 대한교과서 주식회사.

권상구 (1999). **유아미술교육의 실제**. 미진사.

구자홍 · 오지홍 (2007). 통합 아동미술교육. 양서원.

김선희 (1999). "구연동화를 통한 그림표현이 유치원 아동이 미술표현에 미치는 영향". 이화여자대학교 교육대학원.

김영옥 (2001). "미술공동작업에 있어서 유아의 협동에 관한 질적 연구". **유아교육연구**, 21(2), 397~426.

김영옥 · 박혜경 · 양옥승 · 이기숙 · 이영자 · 이원영 · 이윤경 · 장영희 · 정미라 · 주영희 (1995). **한국현대유아교육사**. 양서원.

김은희 (2000). **레지오 에밀리아 접근법의 이해와 현장적용**. 창지사.

김정 · 이수경 · 이수연 (1997). "미술평가의 새로운 프로그램 개발을 위한 기초연구". **조형교육**, 13, 195~210.

김정숙 · 신지혜 · 손윤경 (2009). **아동미술치료의 이론과 실제**. 교문사.

김택훈 · 정영진 · 신혜영 · 안영숙 · 오성혜 (2006). **재료, 기법 중심의 아동미술**. 양서원.

류지후 · 유혜숙 · 양경희 · 박정선 (2001). **유아를 위한 조형 활동의 통합적 접근**. 창지사.

박영아 · 김영유 (2006). **유아를 위한 미술감상**. 창지사.

박화윤 (1995). "그림 제시에 따른 유아의 그림 선호성에 관한 연구". **영유아보육학회지**, 4, 103~126.

박화윤 (1998). **유아를 위한 창조적 미술활동**. 정민사.

박화윤 (2001). "미술작품 감상활동이 유아의 창의성 발달에 미치는 영향". **아동학회지**, 22(3), 277~290.

박화윤 (2001). **유아를 위한 창조적 미술 활동**. 정민사.

백중열 (2007). **유아미술교육론**. 다음세대.

백중열 (2002). "미술교육을 통한 창의성 육성의 요인분석에 관한 연구." 고려대학교 교육대학원 석사학위논문.

백중열 (2005). "우뇌기능에 기초한 미술프로그램이 아동의 뇌선호도와 정서지능에 미치는 효과". 중앙대학교 대학원 박사학위논문.

백중열 (2005). **전뇌계발을 위한 영재미술교육**. 양서원.

손윤경 · 김신덕 · 김규수 (2005). "음악감상활동을 통합한 미술활동이 유아의 미술표현능력에 미치는 영향". **열린유아교육연구**, 10(1), 229~245.

신민섭 외 (2003). **그림을 통한 아동의 진단과 이해**. 학지사.

심성경, 김영실 (1997). **주제접근에 의한 통합적 유아교육과정**. 다음세대.

안혜리 (2005). "생활 속의 미술로서 시각문화에 기초한 미술교육과정 및 수업모형에 관한 연구". **조형교육**, 25, 318~337.

양경희 (2008). **새로운 개념에 기초한 아동미술교육**. 학지사.

오문자 (2000). "레지오 에밀리아의 유아교육 실제와 레지오 접근법 : 한국 현장적용실태". Visions of Early Childhood Education in the 21st Century, 한국유아교육학회 학술대회 자료집, 162~200.

오문자 (2001). 레지오 에밀리아 워크숍 자료집, 8-1.

오연주 · 홍혜자 · 안은숙 · 이명희 · 김애순 · 이경실 (2003). **유아를 위한 미술 교육의 통합적 접근**. 창지사.

오종숙 (1998). **유아 미술 교육의 이론과 실제**. 양서원.

오종숙 (1998). **유아 미술의 이론과 실제**. 백록출판사.

윤내경 (2000). "미술작품감상활동이 유아의 미술활동 능력에 미치는 영향". 원광대학교 대학원 석사학위논문.

이규선 · 김동영 · 전성수 (1994). **미술 교육학 개론**. 교육과학사.

이기숙 (2000). **유아교육과정**. 교문사.

이명호 (1998). "유아미술감상프로그램 개발을 위한 기초연구". 동국대학교 대학원 석사학위논문.

이수경 · 이주연 (2006). **창의적 조형활동을 위한 유아창작공예**. 창지사

이숙재 · 이본선 · 김경란 (2009). **유아미술교육**. 창지사.

이숙희 · 이주리 (2000). "포트폴리오를 통한 표현생활영역의 유아평가". **열린유아교육연구**, 5(1), 227~246. 열린유아교육학회.

이인태 (1999). **유아미술활동**. 동문사.

임영서 (2001). **유아미술활동 현장 지도를 위한 이론과 실제**. 정민사.

장세원 (1999). "동화내용에 대한 토의활동이 유아의 창의적 그림 표현력에 미치는 영향". 원광대학교 대학원.

장혜원 (2001). "한국의 유아용 글 없는 그림책의 일러스트레이션에 관한 연수". 명지대학교 대학원 석사학위논문.

정미경 (1999). "미적 요소에 기초한 미술교육 전략이 유아의 미술활동 과정에 미치는 영향". **열린 유아교육연구**, 4(2), 85~106.

정미경 (1999). "미적 요소에 기초한 활동 중심 통합미술프로그램이 유아의 미술표현능력 및 미술감 상능력에 미치는 영향". 중앙대학교 박사학위 논문.

정세레나 (1998). "전도식기(5~7세) 아동의 공간표현 발달단계에 관한 연구 : 로웬펠드의 사상을 중 심으로". 이화여자대학교 교육대학원.

정찬익 · 권순달 · 김경란 · 김유미 · 노진호 · 심규창 · 임정훈 (1999). **초등교육의 이해**. 문음사.

조성은 (1997). "평면에서의 표현활동을 위한 지도방안 : 5~9세 아동을 대상으로". 이화여자대학교 교육대학원.

지성애 (2001). "미술 교수 방법이 유아의 표상 능력에 미치는 효과". **유아교육연구**, 21(1), 177~201.

최경선 (2000). "인물화 중심의 명화감상 활동이 유아의 그림표현 능력에 미치는 영향". 연세대학교 교육대학원 석사학위논문.

최영옥 · 이영 (2000). "4~6세 아동의 미술표현 발달". **아동학회지**, 21(2), 171~188.

최재영 (2008). **미래인을 키우기 위한 아동미술활동의 지도와 이해**. 창지사.

한국미술교과교육학회 (2003). **미술교육 이론의 탐색**. 예정.

한국미술교과교육학회 (2003). **미술교육학**. 교육과학사.

한국미술교과교육학회 (2004). **유아미술교육학**. 학문사.

홍용희 (1999). "창의성 신장을 위한 유아의 미술교육. 21세기 유아교육과 창의성 신장". 성신여자 대학교 교육문제연구소, 학술 세미나 자료집, 35~43.

홍혜경 · 김영옥 (2001). "유아사회교육과 수학교육의 통합적 접근을 위한 기초연구". **유아교육연 구**, 21(1), 27~50.

황유선 (2005). "유아그림책 일러스트레이션의 교육적 적합성 분석". 이화여자대학교 교육대학원 석사학위논문.

황윤세 (2000). "유치원에서의 효율적인 포트폴리오 평가방법 연구". 덕성여자대학교 대학원 박사 학위논문.

황윤세 · 양옥승 (2001). "유치원에서의 효율적인 포트폴리오 평가방법연구". **아동학회지**, 22(1), 191~ 209.

Edwards, L. C. (1990) *Affective development and the creative arts*. Merill Publishing Company.

Eisner, E. (1972). *Educating artistic vision*. NY: Macmillan Publishing Co, Inc.

Eisner, E. W. (1995). **새로운 눈으로 보는 미술교육**. 서울교육대학교 미술교육연구회(역). 도서출판 예정.

Feldman, E. B. (1970). *Becoming Human Through Art*. Englewood Cliffs, NY: Prentice-hall.

Frost, J. L. & Kissinger, J. B. (1976). *The Young Child and Educative Process*. NY: Holt, Rinehart and Winston.

Katz, L. G. & Chard, S. C. (1986). *Engaging Children's Mind : The Project Approach*. Norwood, NJ: Ablex.

Koster, J. B. (2001). Growing Artists : *Teaching Art to Young Children*. (2nd ed.). Albany, NY: Delmar.

Lowenfeld, V. & Brittain, W. L. (1987). *Creative & mental growth*. NY: The Macmillan Company.

NAEYC (1991). Guidelines for Appropriate Curriculum Content and Assessment in Programs Serving Children Ages 3 Through 8. *Young Children, 46*(2), 21~38.

New, R. S. (1996). *Reggio Emilia : Some Lessons for U.S. Educators*. 심종희(역). 한국유아교육학회, 프로젝트 접근법의 이론과 실제, 39~50.

Piaget, J. (1965). *The child's conception of number*. NY: W. W. Norton.

Readdick, C. A. & Bartlett, P. M. (1994). 수직적 학습 환경. 이숙재(역). 어린이교육, **13**, 90~97.

Seefeldt, C. & Barbour, N. (1994). *Early childhood education : An introduction*. NY: Macmilla College Publishing Company.

Schirrmacher, R. (1993). *Art and creative development for young children*. NY: Publishers, Inc.

Staley, L. (1998). Beginning to Implement the Reggio Philosophy. *Young Children, 53*(5), 20~25.

사진 협조해 주신 곳   소중한 자료 진심으로 감사드립니다.

개미유치원	대전광역시 대덕구 와동 111번지 와동 현대A 단지 내
대자연어린이집	충청북도 청주시 상당구 용암동 2076번지
반야유치원	충청북도 옥천군 옥천읍 마암리 29-5번지
피노키오유치원	대전광역시 대덕구 법2동 190번지
순복유치원	대전광역시 동구 천동 29-3
울산 반곡초등학교 병설유치원	울산광역시 울주군 언양읍 반곡리 709번지
와동초등학교 1학년 　개미유치원 졸업생 친구들	대전광역시 대덕구 신대동
참솔어린이집	대전광역시 동구 천동 휴먼시아A 단지 내
행복한유치원	대전광역시 서구 복수동 275번지
해누리유치원	대전광역시 동구 홍도동
휘경초등학교 병설유치원	서울특별시 동대문구 휘경2동

Index
찾아보기

저자 소개

김정숙

원광대학교 보건학 박사

현재 한국 임상치유예술학회 이사

　　　군산대학교 예술대학 미술학과 교수

김진선

숙명여자대학교 문학 박사

현재 제주한라대학 사회복지과 교수

손윤경

원광대학교 문학 박사

현재 중부대학교 유아교육학과 강사

　　　대전대학교 아동교육상담학과 강사

신지혜

원광대학교 보건학 박사 수료

전주대학교 사회교육학부 강사

원광보건대학 유아교육과 강사

폴라리스 어린이집 원장

현재 제주한라대학 유아교육과 겸임교수

아동미술교육의 이론과 실제

2010년 1월 15일 초판 발행
2012년 2월 21일 2쇄 발행

지은이 김정숙 · 김진선 · 손윤경 · 신지혜
펴낸이 류제동
펴낸곳 (주)교 문 사

본문편집 북큐브
표지디자인 반미현
제작 김선형
영업 정용섭 · 이진석 · 송기윤

출력 현대미디어
인쇄 동화인쇄
제본 대영제본

우편번호 413-756
주소 경기도 파주시 교하읍 문발리
　　　출판문화정보산업단지 536-2
전화 031-955-6111(代)
팩스 031-955-0955
등록 1960. 10. 28. 제406-2006-000035호
홈페이지 www.kyomunsa.co.kr
이메일 webmaster@kyomunsa.co.kr
ISBN 978-89-363-1014-1 (93370)

값 19,000원